Oldenbourg-Interpretationen

Herausgegeben von
Bernhard Sowinski und Reinhard Meurer

begründet von
Rupert Hirschenauer und Albrecht Weber

Band 28

Christa Wolf

Der geteilte Himmel
Nachdenken über Christa T.

Interpretation von
Dieter Sevin

Oldenbourg

Zitiert wird nach den Taschenbuch-Ausgaben: Der geteilte Himmel (dtv 915, 20. Aufl., Okt. 1986) und Nachdenken über Christa T. (Sonderausgabe der Sammlung Luchterhand 31, 26. Aufl., Juni 1987). Die Zahlen in Klammern beziehen sich auf diese Ausgaben. Bei mehreren Zitaten von derselben Seite erscheint die Seitenzahl nur nach dem letzten Zitat.

CIP-Titelaufnahme der Deutschen Bibliothek

Sevin, Dieter:
Christa Wolf, Der geteilte Himmel, Nachdenken über Christa T. : Interpretation / von Dieter Sevin. – 2., überarb. u. erg. Aufl. – München : Oldenbourg, 1988
(Oldenbourg-Interpretationen ; Bd. 28)
ISBN 3-486-88628-2
NE: GT

2., überarbeitete und ergänzte Auflage 1988
Unveränderter Nachdruck 92 91 90 89 88
Die letzte Ziffer bezeichnet lediglich das Jahr des Drucks.

Lektorat: Michael Banse
Herstellung: Fredi Grosser
Umschlaggestaltung: Klaus Hentschke, München
Gesamtherstellung: R. Oldenbourg, Graph. Betriebe GmbH, München

ISBN: 3-486-**88628**-2

Inhalt

Vorwort

„Soll endlich einmal die Literatur der Deutschen nicht folgenlos bleiben; soll, was in den beiden deutschen Staaten die Literatur über drei Jahrzehnte lang an Trauer- und Freudenarbeit geleistet, soll die ‚Wahrheit des Diesseits', der sie sich gestellt hat, doch einmal zu Buche schlagen und beiden Ländern zugute kommen." Im Sinne dieser Worte aus Christa Wolfs Büchner-Preis-Rede ist dieses Interpretationsbändchen konzipiert. Möge es zum Verständnis von Christa Wolfs Werk beitragen und es einer möglichst breitgefächerten Leserschaft zugänglich machen.

Im Hinblick auf die Vielfalt der interpretations-methodischen Richtungen wird hier versucht, dem Konzept Jost Hermands eines „synthetischen Interpretierens" zu entsprechen und die zeitgeschichtliche Dynamik der besprochenen Werke in eine sinnvolle Beziehung zu unseren menschlichen und gesellschaftlichen Grunderfahrungen zu setzen. Unter Berücksichtigung des neuesten Forschungsstandes wird so eine Neubewertung angestrebt, und zwar durch die Analyse von Form und Gehalt, von Struktur und Thematik.

Für die finanzielle Unterstützung bei der Durchführung der Forschungsarbeiten sei an dieser Stelle dem Vanderbilt University Research Council und dem Deutschen Akademischen Austauschdienst Dank gesagt. Für die Hilfe beim Korrekturenlesen und bei der Fertigstellung des druckreifen Manuskripts bin ich Ingrid Sevin und Christiane Binder verpflichtet. Ihre wertvollen Hinweise und ihre Mühen weiß ich zu schätzen.

Nashville/Tennessee, im August 1988

Dieter Sevin

Für Sonja und Karen

1 Einführung

1.1 Die besondere Problematik der DDR-Literatur-Interpretation

Die Literatur des anderen Deutschland, die Literatur der DDR, findet immer mehr Beachtung, nicht nur in der Bundesrepublik, wo diese Entwicklung besonders erfreulich und wünschenswert ist, sondern auch im nicht-deutschsprachigen Ausland. Allgemein anerkannt wird, daß sich in dem sozialistischen Teil Deutschlands eine Literatur von beachtlichem Rang und Niveau entwickelt hat, deren Analyse und Verständnis einerseits Einblicke in die gesellschaftliche Ordnung des Staates gewähren, in dem und für dessen Leser die Literatur primär geschrieben wurde, sie darüber hinaus aber Problemkreise anschneidet, die allgemein menschlicher Natur sind und rein DDR-bezogene Probleme durchbrechen. Auch wird auf die ästhetische Qualität verwiesen, die die DDR-Literatur der sechziger und siebziger Jahre kennzeichnet.

Bei der Analyse und dem Versuch, die DDR-Literatur zu verstehen, ist es allerdings erforderlich, deren besondere Entstehungssituation und -problematik im Auge zu behalten, da die politischen Bedingungen, unter denen ein DDR-Autor schreibt, und die Funktion, die der Literatur dort zugeschrieben wird, sich entschieden von den literarischen Entstehungsbedingungen des Westens unterscheiden. Wichtig ist in diesem Zusammenhang, zwischen den kulturpolitischen und literaturkritischen Tendenzen zu differenzieren und diese bei der Interpretation einzelner Werke zu berücksichtigen, weil sie über die Intention der Autoren neue und bedeutsame Perspektiven eröffnen. Dies gilt besonders für die beiden Romane, die in diesem kleinen Band einer eingehenden Interpretation unterzogen werden sollen.

1.2 DDR-Kulturpolitik

Weit ausgeprägter als im Westen ist die DDR-Literatur von den sich periodisch verändernden kulturpolitischen Ansichten und Bestimmungen des Staates beeinflußt und in nicht unbedeutendem Maße abhängig, so daß der Begriff „Etappenliteratur“[1] für jene Unterschiede, die sich durch diese bewußte Planung der kulturellen Entwicklung abzeichnen, geprägt worden ist. Gleich nach der Gründung der DDR, am 7. Oktober 1949, wurde während des ersten Parteitages der SED gefordert, daß das gesamte Kulturschaffen auf den Grundlagen des Marxismus-Leninismus zu beruhen habe. Dabei wurde die Doktrin des „sozialistischen Realismus“ der dreißiger Jahre wieder zum literarischen Ideal erhoben.

1.3 Der sozialistische Realismus

Die Prinzipien dieser offiziellen Kunsttheorie[2] sind im wesentlichen noch die gleichen, die 1934 auf dem ersten sowjetischen Schriftstellerkongreß programmatisch ausgearbeitet und vorgelegt worden sind. Dabei wurde vor allem betont, daß die primäre Funktion der Literatur in der ideologischen Massenerziehung und im politischen Anschauungsunterricht liege. Um dieses Ziel zu erreichen, wurde eine Kunsttheorie festgelegt, die zu einem recht starren Schematismus geführt hat. Daher ist der Terminus „sozialistischer Realismus“ in keiner Weise mit dem traditionellen Realismus-Begriff in Verbindung zu bringen oder zu verwechseln. Es handelt sich hier vielmehr um eine ideologisch festgelegte und begrenzte Literaturtheorie, die auf folgenden primären Grundsätzen beruht: ideologisch determinierter Ideengehalt, marxistisch-leninistische Parteilichkeit, Vorbildlichkeit, Optimismus, Volkstümlichkeit, Verständlichkeit und positiver Held. Durch das genaue Beachten dieser Prinzipien soll gewährleistet werden, daß die Literatur ihrer Funktion und Aufgabe gerecht wird, nämlich den Aufbau der großen gesellschaftlichen Veränderung im Sinne des Sozialismus-Kommunismus nicht nur widerzuspiegeln, sondern durch ihre Wirkung auf den Leser zur Verwirklichung dieser Gesellschaft beizutragen.[3]

Durch ein solches Literaturdiktat, eine solche Bevormundung durch den Staat bzw. die Partei werden die Autoren natürlich in ihrer schöpferischen Freiheit stark begrenzt. Darüber hinaus läuft die Literatur Gefahr, Propagandawerkzeug zu werden. Das gilt besonders für die fünfziger und sechziger Jahre, in denen die sich oft wandelnde politische Lage eine entweder liberalisierende oder erhärtende Modifizierung in der theoretischen Ausrichtung bewirkte, was in der Literaturentwicklung und Kulturpolitik unterschiedliche Phasen hervorgerufen hat. Im Prinzip ist der „sozialistische Realismus" jedoch bis heute die offizielle und gültige Literaturtheorie der DDR, obwohl sich gerade renommierte Autoren in der Praxis davon distanziert haben.

1.4 Der Bitterfelder Weg

Eine Phase jener „Etappenliteratur" wurde 1959 durch die sogenannten Bitterfelder Konferenzen[4] eingeleitet. Es handelt sich dabei um eine Doktrin, deren Konzept schon 1958 auf dem fünften Parteitag der SED definiert wurde. Am 24. April 1959, auf der ersten Bitterfelder Konferenz,[5] erhob Walter Ulbricht diese Literaturdoktrin zum Schlagwort, indem er die Arbeiterklasse aufforderte, „die Höhen der Kultur zu erstürmen"[6], was schließlich in der Parole der Konferenz mündete: „Greif zur Feder, Kumpel! Die sozialistische Nationalkultur braucht dich!" Die Hoffnung, durch diesen Aufruf aus den Reihen der Arbeiter Schriftsteller für die neue sozialistische Nationalliteratur zu gewinnen, hat sich nicht verwirklicht. Die umgekehrte Absicht dagegen, Autoren dazu zu bewegen, durch Arbeit in Betrieben aus erster Hand Erfahrungen und Verständnis für die Welt der Arbeiter zu sammeln, um dies dann schriftstellerisch zu verwerten, fand durchaus ihren Niederschlag in Werken der Zeit, wie z. B. in Strittmatters *Ole Bienkopp*[7] und Christa Wolfs *Der geteilte Himmel.*

2
Der geteilte Himmel

2.1
Entstehung des Romans

Zeitlich ist die Entstehung des Romans zwischen Christa Wolfs erstes Prosawerk *Moskauer Novelle* (1959), das 1961 im Mitteldeutschen Verlag (Halle) erschien, und ihr am meisten diskutiertes Buch *Nachdenken über Christa T.* (1968) einzureihen. Während die *Moskauer Novelle* außer ein paar höflichen Rezensionen kaum eine Resonanz hervorrief, war die Reaktion auf den zwei Jahre später veröffentlichten Roman *Der geteilte Himmel* (1963) quantitativ und qualitativ breit gefächert und intensiv. Nicht nur erschien der Roman innerhalb eines Jahres in mehreren Zeitschriften und zehn Auflagen mit rund 160 000 Exemplaren, nicht nur wurde er 1964 von dem bekannten DDR-Regisseur Konrad Wolf eindrucksvoll verfilmt, sondern darüber hinaus wurde er zum meistdebattierten Buch der DDR. Schon 1965 erschien eine Sammlung kritischer Reaktionen, worin namhafte Kritiker, z. B. Hans Jürgen Geerdts, Dieter Schlenstedt und Günther Dahlke, vertreten sind.[8] Kurz, *Der geteilte Himmel* etablierte Christa Wolf als renommierte Prosaschriftstellerin und begründete ihren Ruhm, der bis heute in Ost und West anhält.

Wie ist dieser Erfolg zu erklären? Die Antwort muß teilweise in der angeschnittenen Thematik und Problematik der Teilung Deutschlands zu suchen sein, die beim Erscheinen des Buches (1963), knapp zwei Jahre nach dem Mauerbau in Berlin, noch stark im Bewußtsein der Menschen vertreten war. Das allein genügt jedoch nicht, die Popularität und vielfältige kritische Reaktion auf dies Buch zu erklären. Vielmehr muß die Antwort auch in der künstlerischen Gestaltung liegen, die für den DDR-Roman erstmalig das Diktum des strikten sozialistischen Realismus modifiziert, ja, man kann sagen, durchbricht. Auch ist der Erfolg auf den hohen Grad der Selbstgestaltung und den Willen zur individuellen, persönlichen Aussage dessen, was die Schriftstellerin unter Einbezug von autobiographischen Einsichten und Erlebnissen als echt und wahr ansieht, zurückzuführen. Christa Wolf ist davon überzeugt, daß die Kunst der Vermittlung des Künstlers bedarf, „der mit seinem Lebensschicksal und seinem Lebenskonflikt zwischen der ‚Realität' und der leeren Seite steht und keine andere Wahl hat, diese Seite zu füllen, als die Auseinandersetzung zwischen der Welt und sich selbst darauf zu projizieren"[9]. Die Einbeziehung der eigenen Biographie ist eine zentrale Charakteristik in Christa Wolfs Gesamtwerk, von der *Moskauer Novelle,* der ein Besuch in Moskau zugrunde liegt, bis hin zu dem historisch-autobiographischen Roman *Kindheitsmuster.*[10]

Christa Wolf hat sich immer sehr zurückhaltend gegenüber Anfragen über die Entstehung ihrer Werke verhalten. In dem kleinen Essay *Über Sinn und Unsinn von Naivität* jedoch bestätigt sie zögernd und mit Vorbehalt, wie wichtig die persönliche Biographie für ihre schriftstellerische Tätigkeit war und noch ist.[11] Am offensichtlichsten für den Roman *Der geteilte Himmel* ist Christa Wolfs Eintritt in eine Arbeitsbrigade in einem Hallenser Waggonwerk, die als direkter Niederschlag in ihr Prosawerk eingeht. Sie selber bestätigt dies in einem der wenigen schriftlichen Dokumente aus jener Zeit, und zwar in der am 27. September 1960 entstandenen Tagebuchskizze für die sowjetische Zeitung *Iswestija.*[12] Hier wird ein Tagesablauf beschrieben, wobei ein Besuch im Waggonwerk und einige Probleme angedeutet werden, die später im Roman differenziert ihren Niederschlag finden. Darüber hinaus schreibt Christa Wolf auch über die ersten schriftlichen Versuche, die als Anfang des Romans angesehen werden dürfen: „Ich sehe die Manuskriptanfänge durch, die auf meinem Schreibtisch übereinander liegen. Die Langwierigkeit des Vorgangs, den man schreiben nennt, erbittert mich. Aus der reinen Brigadegeschichte haben sich schon ein paar Gesichter herausgehoben, Leute, die ich besser kenne und zu einer Geschichte miteinander verknüpft habe, die, wie ich deutlich sehe, noch viel zu simpel ist. Ein Mädchen vom Lande, das zum erstenmal ... in die größere Stadt kommt, um zu studieren. Vorher macht sie ein Praktikum in einem Betrieb, bei einer schwierigen Brigade. Ihr Freund ist Chemiker, er bekommt sie am Ende nicht. Der Dritte ist ein junger Meister, der, weil er einen Fehler gemacht hat, in diese Brigade zur Bewährung geschickt wurde ... Es ist merkwürdig, daß diese banalen Vorgänge, ‚dem Leben abgelauscht', auf den Seiten eines Manuskripts ihre Banalität bis zur Unerträglichkeit steigern. Ich weiß, daß die wirkliche Arbeit erst beginnen wird, wenn die Überidee gefunden ist, die den Stoff erzählbar und erzählenswert macht.“[13]

2.2 Struktur

2.2.1 Erzähl- und Zeitstruktur

In ihrem zweiten größeren Werk, *Der geteilte Himmel*, benutzt Christa Wolf für die damalige DDR moderne und relativ komplexe Erzähltechniken und Darstellungsmittel. Der Erzählprozeß des Romans – da wir glauben, daß beide Genrebezeichnungen ihre Berechtigung haben, wird in dieser Interpretation kein Unterschied zwischen „Roman“ und „Erzählung“ gemacht – setzt ein, nachdem die eigentliche Handlung zeitlich schon abgelaufen ist. Jene analytische Erzählweise einer Liebesgeschichte ist unterbaut und durchzogen von der gesellschaftlichen und politischen Situation, die das Leben und das Verhältnis der beiden Liebenden bestimmt. Dabei liegt der zeitliche Rahmen genau fest. Es ist in den „letzten Augusttagen des Jahres 1961“, als Rita in einem kleinen Krankenhauszimmer aus einer Ohnmacht erwacht. Der Unfall auf den Gleisen, der ja nicht einfach ein Unfall war, sondern ein Selbstmordversuch,[14] hat kurz nach ihrer Entscheidung, Manfred nicht in den Westen zu folgen, stattgefunden, und zwar am Sonntag, den 13. August 1961, als in Berlin die Mauer errichtet wurde. Das zeitliche Zusammenfallen des geschichtlichen Geschehens mit dem Selbstmordversuch ist von besonderer Bedeutung für die politische Dimension der Erzählung.

Die eigentliche Liebesgeschichte setzt zwei Jahre zuvor, im Sommer 1959, ein und begrenzt somit zeitlich die eigentliche Handlung. Die erinnernd zurückblickende Erzählweise erlaubt auch Rückblenden in die weitere Vergangenheit und Kindheit der beiden Hauptcharaktere. Im Laufe der Erzählung nimmt die unterschiedliche Vergangenheit der beiden Liebenden immer mehr an Bedeutung zu, und darin ist schließlich ein tieferer Grund für die Trennung des Paares zu suchen.

Trotz einer modernen Strukturanlage ist die Erzählfolge mehr oder weniger chronologisch. Rita durchlebt während ihres Sanatoriumaufenthaltes in Gedanken noch einmal die wichtigsten Stadien ihres Werdegangs – ihr Leben im Dorf, Begegnung mit Manfred, Stadtleben, Studium, Praktikum in der Waggonfabrik, Westberlin. Mit der Rückkehr aus dem Sanatorium schließt sich ihr Denkkreis. Es handelt sich also um eine Art chronologische Selbstanalyse in bezug auf das Zeitgeschehen und ihr Liebesverhältnis, wobei sich der Zeitablauf des Sanatoriumaufenthalts weniger herauskristallisiert und mehr die Funktion eines Zeitrahmens für ihren Genesungsprozeß hat.

2.2.2 Erzähler und Erzählperspektive

Die Erzählung ist primär aus Ritas Perspektive geschrieben, wie es sich fast zwangsweise aus der Struktur des Werkes ergibt. Der Erzähler,[15] der keinesfalls mit der Autorin gleichzusetzen ist und ebenfalls eine erfundene Gestalt darstellt, jedoch selber nicht in Erscheinung tritt und unprofiliert bleibt, scheint in bezug auf das faktische Geschehen um Rita allwissend zu sein. Er weiß so viel und mehr als Rita. Dabei verhält er sich wie Rita selber, meist abwartend und fragend. Damit erreicht die Autorin einen Teil der Spannung, die in dem handlungsarmen Geschehen unbedingt zu verzeichnen ist. Ab und zu billigt Christa Wolf dem Erzähler Einsichten zu, Reaktionen z. B., bei denen es durchaus unklar bleibt, ob Rita selber sich in ihrem Rückerinnern darüber klar wird, wie ja von der Struktur des Buches her anzunehmen ist. Bei der vorsichtigen Textanalyse des folgenden Absatzes wird diese Ambivalenz klar: „Er wurde um einen Schein blasser wie bei einer unverdienten Kränkung. Ihre Unbefangenheit war dahin. Was tu ich? fragte sie sich. Wohin soll das führen?" (152) Der einführende Satz beschreibt eine Reaktion, die jeder Beobachter hätte feststellen können. Stellt der darauf folgende Satz auch eine solche Beobachtung dar, oder wird Rita sich hier selber darüber klar, daß sie in diesem Moment ihre Unbefangenheit eingebüßt hat, sie, Rita, die ja in ihrem Sanatoriumbett über diese Episode nachdenkt? Oder kommentiert hier der allwissende Erzähler, um dem Leser die Situation plastischer zu schildern, oder beides? Eine derartige Zweideutigkeit, die übrigens auf den Leser nicht unbedingt störend wirkt, besteht in den beiden folgenden Fragesätzen nicht mehr. Der Erzähler betont, daß Rita sich diese Fragen damals selbst gestellt hat.

Von der Einschiebung des inneren Monologs wird weniger Gebrauch gemacht, als man es von der Strukturanlage des Romans erwarten dürfte. Doch muß der Leser dabei zwischen zwei verschiedenen Zeitebenen differenzieren. Einerseits benutzt der Erzähler den inneren Monolog, um das zu schildern, was gegenwärtig im Krankenzimmer – also zeitlich in der Gegenwartsebene – in Ritas Gedankenwelt vorgeht. Andererseits wird der innere Monolog eingeflochten, um zu zeigen, was sich zuvor abgespielt hat – was wir die Erlebnisebene nennen wollen. Auch dieser sich auf die Vergangenheit beziehende innere Monolog ist in der Gegenwartsform gehalten, wie ein Vergleich zweier Zitate zeigt: „Man wird sehen. Man hat Zeit. Wo man diese Wochen verbringt, ist nicht wichtig. Sicher gibt es irgendwo Dinge, die wichtig sind. Sicher begegnet man ihnen wieder, später. Jetzt nimmt man abends das kleine, stark nach Äther duftende Gläschen aus der Hand der Schwester... legt sich zurück und kann auf den Schlaf warten, der mit Gewißheit kommt und bis in den Morgen dauert." (25) „Warum erzählt er mir das? Wäre er doch in seine Versammlung gegangen... Und doch war es angenehm zu wissen, daß dieser zuverlässige Mensch ihretwegen leichtsinnig wurde." (152) Im Gegensatz zum ersten Zitat, bleibt es im zweiten unklar, ob es sich um einen inneren Monolog handelt, der damals zum Zeitpunkt der Begegnung in Rita vorging, oder ob sich vorangegangene Vorgänge in Ritas Gedächtnis wiederholen. Derartige Ambivalenzen werden bewußt vom Erzähler eingebaut und tragen zu jenem Schwebezustand des Erzählvorganges bei, der die Bedeutung der Leserrolle für den Text erhöht.

Darüber hinaus erlaubt jene Ambivalenz, Gedankenvorgänge anzudeuten, die in den frühen sechziger Jahren für die DDR-Literatur noch tabu waren. Die Autorin verlagert die Erfüllung ihrer Intention zu hohem Grad auf den Prozeß des Lesens, zwingt gleichsam den Leser, vorsichtig zu lesen, mitzudenken, Schlüsse zu ziehen, die nicht explizit aus der Textstruktur zu ersehen sind, sondern sich erst durch den Leseakt, die Aktstruktur[16] herauskristallisieren. Dadurch wird es der Zensur schwer gemacht, Christa Wolf anzugreifen und sie auf eine bestimmte ideologische Richtung festzulegen. Kurz, die Autorin entzieht sich dem Mandat der Literaturtheoretiker und erreicht somit einen hohen Grad dichterischer Freiheit. Diese Technik wird später in *Nachdenken über Christa T.* noch sehr viel differenzierter angewandt (vgl. 3.2.6).

Trotz zeitlicher Gedankensprünge führt der Erzähler dem Leser allmählich – im großen und ganzen auch chronologisch – vor Augen, was in den zwei Jahren vor dem „Unfall" in Ritas Leben geschehen ist. Gleichzeitig läßt er den Leser an ihrem Genesungsprozeß teilnehmen, und zwar nicht nur aus Ritas Perspektive, sondern er erlaubt ihm tiefe Einblicke und Einsichten, die Rita selbst nicht möglich sind. Kommentare des Erzählers zu Gedanken und Emotionen anderer Charaktere des Romans gehen z. B. oft über das hinaus, was Rita aus ihrer Erfahrung wissen kann. Die folgenden Gedankengänge von Ernst Wendland illustrieren jenes Charakteristikum des Erzählers: „Ich nutze ihre Verzagtheit aus, dachte er. Das hätte mir früher mal einer sagen sollen... Wie dieses Mädchen von dem anderen sprach! Was für Augen sie bekam, wenn sie an ihn dachte!" (153) Rita konnte auch jetzt im Krankenhaus kaum von sich selbst wissen, was sie für große Augen bekam, wenn sie über Manfred sprach. Diese Information gibt der Erzähler dem Leser, um das Bild ihrer Liebe abzurunden. Gleichzeitig läßt die Autorin ihren Erzähler auch bewußt gewisse Informationen über Rita und das Geschehen vorenthalten, um so dem Leser allmählich die Geschichte der Liebe zu entfalten und die Spannung aufrechtzuerhalten.

2.2.3 Prolog und Epilog

Neben dem strukturellen Rahmen, der durch Ritas Krankenhaus- und Sanatoriumaufenthalt gestellt wird, hat der Roman einen zweiten äußeren Rahmen: Prolog und Epilog. Während der innere Rahmen die Voraussetzungen für den strukturellen Aufbau des Romans klarstellt, vor allem für die rückblickende Perspektive und das Zeitgefüge, hat der äußere Rahmen eine weniger klare Funktion. Sehr allgemein gehalten, vermittelt er die Atmosphäre. Im Prolog ist etwas von der dumpfen Angst und Rastlosigkeit zu spüren, die durch den schwer auf den Menschen lastenden Rauch der Fabrikschornsteine symbolisiert wird. Der Himmel ist „verschleiert". Es ist von „unhörbaren Stimmen, sehr nahen Gefahren" die Rede. Kurz, es wird die Stimmung vom Sommer 1961 beschworen, aber auch, wie sich nach dem Mauerbau das Leben langsam wieder beruhigt und normalisiert. Der Epilog dagegen versucht, die Atmosphäre und Ritas Stimmung nach ihrem Genesungsprozeß zu erfassen, nämlich dann, als sie wieder mit den Pflichten des Alltags konfrontiert wird. Entscheidend ist, daß im Epilog Rita die Angst genommen ist, von der im Prolog die Rede war, daß sie sich zu einer „neuen Freiheit durchgerungen" hat, die als zukunftsweisend angesehen werden soll, jedoch weiterer Interpretation bedarf (vgl. 2.3.7).

Der Prolog-Epilog-Rahmen verweist den Leser auf die Reflexionsebene des künstlerischen Gefüges. Indem der äußere Rahmen bewußt vage und allgemein bleibt – der Mauerbau ist so z. B. nur indirekt im Prolog erwähnt –, vermittelt der Prolog dem Leser ein Stimmungsbild zu Beginn der Handlung, was in der eigentlichen Erzählung konkretisiert und strukturell unterbaut wird. Prolog und Epilog haben ferner die Funktion, die Handlung des Romans auf das Leben des sozialistischen Alltags zu beziehen – aber eben nicht nur auf das sozialistische, sondern verallgemeinernd auch auf das Leben in jedem industrialisierten Staat. Damit erweist sich der Prolog, und hierin stimmen wir mit Dieter Schlenstedt überein, „in seiner Gefühls- und Gedankenbewegung symbolisch-weltanschaulich, philosophisch-resümierend – als übergreifend... Der Epilog dann nimmt das Motiv vom Leben wieder auf..."[17]

2.2.4 Erzählebenen

Zu unterscheiden wären grundsätzlich die Gegenwartsebene und Ritas Reflexionsebenen, zu denen aber zeitlich parallel laufend die Erlebnisebene kommt. Die Gegenwartsebene stellt den äußeren Rahmen, in dem Rita dem Leser zu Anfang der Erzählung im Krankenhaus und Sanatorium vorgestellt wird. Dieser Rahmen schließt sich, wenn Rita am Schluß das Sanatorium verläßt. In der Reflexionsebene analysiert Rita zurückblickend ihr Leben, indem sie in Gedanken die Geschehnisse noch einmal an sich vorüberziehen läßt und besonders ihr Verhältnis zu Manfred kritisch analysiert, was zu ihrem Genesungsprozeß beiträgt.

Zeitlich parallel zur Reflexionsebene und damit geschickt verknüpft läuft die Erlebnisebene, in der der Erzähler dem Leser das Geschehen meist in der dritten Person darlegt und durch die Einschiebung von direkter Rede aktualisiert. Diese Erlebnisebene macht die eigentliche Binnenerzählung des Romans aus, deren chronologische Folge durch Vor- und Rückblenden aufgelockert wird. Im Laufe der Binnenerzählung tritt Rita immer weniger reflektierend in Erscheinung, so daß ihre Reflexionsebene allmählich in den Hintergrund tritt, bzw. auf den Leser übertragen wird, indem der Erzähler diesem Einsichten und Informationen übermittelt, die über die der reflektierenden Rita hinausgehen. Im Laufe der Erzählung tritt die Erlebnisebene mehr in den Vordergrund, wodurch der Leser immer wieder aufgefordert wird, sich sein eigenes Urteil zu bilden. Damit entsteht gleichsam eine zweite erweiterte Reflexionsebene im Denkprozeß des Lesers.

Zu betonen ist, daß der chronologische Zeitablauf der Erlebnisebene und der damit verbundenen Reflexionsebene oft durch Vor- und Rückblenden des Erzählers unterbrochen wird und daß darüber hinaus die verschiedenen Ebenen der Erzählstruktur eng miteinander verknüpft sind. So kann es vorkommen, daß der Leser auf einer Ebene über den Ausgang einer problematischen Situation informiert wird, ehe die eigentliche Problemlösung auf anderer Ebene überhaupt im Roman angeschnitten wird. Als Beispiel sei hier die Produktionserhöhung im Waggonwerk angeführt. Schon früh im Roman erfährt der Leser, daß die Produktion schließlich auf zwölf Fenster pro Schicht erhöht wird. Meternagel informiert Rita darüber während seines Sanatoriumbesuchs, also strukturell auf der Gegenwartsebene. Erst sehr viel später (Kapitel 115, 74–76), und zwar erzählt auf der Erlebnisebene, kommt es zur ausführlichen Beschreibung von Meternagels Kampf um die Produktionserhöhung.

Indem dem Leser durch den allwissenden Erzähler Informationen zugänglich werden, die Rita nicht haben kann, wird erreicht, daß sich der Reflexionsebene des Lesers weitere Dimensionen eröffnen, die erheblich über das Wissen und Verständnis der Protagonistin Rita hinausgehen. Tatsächlich spielt die reflektierende Rita im Verlauf des Romans eine zunehmend geringere Rolle. Alexander Stephan betrachtet Rita hauptsächlich als Kommentatorin ihrer eigenen Erlebnisse in bezug auf die Gegenwartshandlung im Sanatorium, billigt ihr im Hauptteil des Romans jedoch die Funktion eines „kompositorischen Bindemittels“, eines „Fokus der Erzählperspektive“[18] zu.

Strukturell bedeutsam ist in der fortschreitenden Erzählung auch, daß es in vielen Fällen für den Leser schwer zu differenzieren ist, auf welcher Ebene über Rita berichtet wird, der Gegenwarts- oder der Reflexionsebene. Diese Ambivalenz zwingt den Leser immer wieder, aufmerksam zu lesen und selber über das Geschehen nachzudenken, was gleichsam zu einer wohl mitintendierten Fusion beider Ebenen im Denkprozeß des Lesers führt, eben jener schon konstatierten zweiten Reflexionsebene. Dies trägt zu dem für den Roman so charakteristischen Schwebezustand des Erzählvorganges bei.

Indem der Leser angeregt wird, die Idee des Geschehens weiterzuspinnen und auf sich zu beziehen – einerseits in der konkreten Geschichtlichkeit, dem genau gesetzten Zeitrahmen, andererseits durch Ritas Reflexion über ihr Leben –, ist das sonst so stark vertretene didaktische Element der durch die Theorien des sozialistischen Realismus geprägten Literatur weniger ersichtlich, wenngleich nicht aufgehoben. Auf jeden Fall wird dem Leser auf diese Weise ein breites Interpretationsfeld eingeräumt, was sicherlich zu dem besonderen Reiz und Erfolg des Buches in Ost und West beigetragen hat.

2.2.5 Sprache

Im Gegensatz zu Christa Wolfs späteren Werken (vgl. 2.3.5) steht die Sprache in *Der geteilte Himmel* noch unter dem Einfluß der Bitterfelder Thesen. Offensichtlich ist der Versuch, auch sprachlich eine möglichst breite Leserschaft anzusprechen, vor allem aber die Arbeiterklasse, deren Welt der Produktion eine so große Rolle im Roman spielt. Teilweise übernimmt sie deren Umgangssprache in direkter Rede. Diese Einbeziehung der Sprache aus der Arbeitswelt muß als ein bewußtes Entgegenkommen und Anpassen an die Grundsätze des sozialistischen Realismus mit seiner Forderung nach Volkstümlichkeit und Verständlichkeit gewertet werden. Nur so lassen sich die „Elemente des Trivialromans" erklären, die „häufig verwandten sprachlichen Fertigteile", wie Wolfgang Promies[19] schreibt, und die Ekkehard Kloehn als „Ausrutscher ins Epigonale"[20] bezeichnet, denn die Autorin als erfahrene Literaturkritikerin war sich dessen sicherlich bewußt.

Weiterhin charakteristisch für Christa Wolfs Sprachgestaltung in diesem Roman ist auch die äußerst subjektive und lyrisch erzählende Beschreibung der Natur, um innere Emotionen der Menschen widerzuspiegeln, wie z. B. im Prolog, wo der verhangene Himmel zum Symbol von Angst und Bedrohung wird: „Die Leute, seit langem an diesen verschleierten Himmel gewöhnt, fanden ihn auf einmal ungewöhnlich und schwer zu ertragen ... Die Luft legte sich schwer auf sie..." (7) Die Reaktion des Lesers auf diese Passage ist eine zweifache, wie Dieter Schlenstedt feststellt: „Nicht in erster Linie geht es um die objektiven Verhältnisse..., sondern um die unmittelbare Reaktion..., die diffus bleibt. Andererseits wird durch die Erzählart auf die Diffusion des Gefühls bewußt hingewiesen und die unmittelbare Anteilnahme des Lesers am Gefühl ‚der Leute' distanziert. Das ist kunstvoll gemacht, in dieser teils subjektiv-lyrischen, teils objektivierend-epischen Methode liegt ein großer Reiz des Buches."[21]

Wichtig ist, daß der Erzähler in der dritten Person schreibt und die Autorin damit eine wohl intendierte Distanzierung zu ihrer Erzählerfigur erreicht, während in dem folgenden Roman *Nachdenken über Christa T.* durch eine Ich-Erzählerin eine partielle Identifikation mit der Autorin suggeriert wird. In *Der geteilte Himmel* wird die Ich-Form nur bei direkter Rede und im inneren Monolog, d. h. Ritas Reflexionsebene, benutzt, was betont, daß es sich hier um die Gedanken und Perspektiven der um Genesung ringenden Rita handelt und keinesfalls um die der Erzählerin oder gar der Autorin. Die direkte Rede, primär in der Handlungsebene angewandt, bewirkt eine Aktualisierung jener realen Geschehnisse.

Die sprachliche Betonung der Emotionalität, des subjektiven Bereichs ihrer Charaktere, ist, wie Dieter Schlenstedt meint, eine „wohl bewußte Methode, den Gefühlsbereich der Figuren im Erfahren der Widersprüche und im Erlebnis der eigenen Entwicklung, der eigenen Förderung und Hemmung hervortreten zu lassen..."[22] Komplizierte Widersprüche können so gestaltet und die bisher übliche Schönfärberei und eine zu offensichtliche Didaktik vermieden werden. Im Vergleich zu einem Roman wie Strittmatters *Ole Bienkopp* sind belehrende Sprachelemente nicht ganz so leicht ersichtlich, wie z. B. die sprechenden Namen des bürgerlich reaktionären „Herrfurth", des übereifrigen Parteifunktionärs

„Mangold", des progressiven sozialistischen „Wendland", des exakt arbeitenden „Meternagel" sowie des bescheiden und naiv vertrauenden „Liebentrau".

Grundsätzlich wäre festzustellen, daß neben der Sprache der Arbeiterwelt, abgesehen von einigen idyllischen Naturbeschreibungen und idealisierten Schilderungen von Liebesbegegnungen (vgl. z. B. 25), die Erzählung durch eine engagierte und dynamische Sprache geprägt ist. Der Leser spürt, besonders in Ritas Monologen, daß um die Einheit von Gehalt und Sprache gerungen wird[23], denn nur indem Rita ihr Denken in Worten konkretisiert – und der Leser nimmt hier indirekt an der Entstehung des Textes teil; später in *Nachdenken über Christa T.* direkt –, kann sie sich über ihre Situation klar werden. Gerade in dem fragenden und reflektierenden Nachdenken Ritas sowie den subtilen Kommentaren des allwissenden Erzählers wird deutlich, wie der Roman in großen Teilen auch sprachlich eine Überwindung des sozialistischen Realismus darstellt.

2.3 Thematik

2.3.1 Die zeitgeschichtliche Situation

Essentiell für das Verständnis von Christa Wolfs Werk, und dies gilt ganz besonders für den Roman *Der geteilte Himmel*, ist eine allgemeine Kenntnis der damaligen wirtschaftlichen, politischen und zeitgeschichtlichen Situation in der DDR. Wie schon herausgestellt, entsteht *Der geteilte Himmel* unter dem Einfluß der ersten Bitterfelder Konferenz. Die Autorin ist dem Aufruf gefolgt und pflegt Kontakt mit einer Brigade der Hallenser Waggonfabrik, um so Impulse für künstlerisches Schaffen zu erhalten (vgl. 2.1). Dies erlaubt ihr einen direkten Einblick in die schwierigen wirtschaftlichen Verhältnisse und Produktionsprobleme jener Zeit. Krampfhaft wurde versucht, den wirtschaftlichen Anschluß an die Bundesrepublik zu erreichen, die gerade Ende der fünfziger und Anfang der sechziger Jahre unter dem Zeichen eines großen wirtschaftlichen Aufschwungs stand. Die Wirtschaft der DDR dagegen wurde durch überambitiöse zentrale Planungen gestört. Gleichzeitig wurde eine immer größere Zahl von qualifizierten Arbeitern dem Arbeitsmarkt und somit der wirtschaftlichen Produktion entzogen, indem diese über die offene Grenze nach Westberlin und weiter in die Bundesrepublik abwanderten. Die Tatsache, daß die rapide wachsende Wirtschaft Westdeutschlands diese Arbeitskräfte leicht eingliedern konnte, war sicherlich eine Voraussetzung für die sich steigernde Fluchtwelle, die die produktionstechnischen Schwierigkeiten für die DDR unabsehbar machte, denn es waren besonders junge qualifizierte Fachkräfte, die in den Westen emigrierten. Hinzu kam die Verstaatlichung der Landwirtschaft, die den Flüchtlingsstrom schließlich so anschwellen ließ, daß es aus der Sicht der DDR und ihrer sowjetischen Machthaber notwendig wurde, dieser Abwanderungswelle Einhalt zu gebieten, wenn die DDR als Staatsgebilde erhalten bleiben sollte. So kam es am 13. August 1961 zum Mauerbau in Berlin. Für die DDR leitete der Bau der Mauer eine allmähliche Normalisierung und Verbesserung der Wirtschaftslage ein. Der hohe Preis, den die Bevölkerung vor allem an Reisefreiheit zahlen mußte und noch zahlen muß, ist weiterhin eine der vielleicht wichtigsten Ursachen für die Frustration und Unzufriedenheit der Menschen in der DDR. Auch das spiegelt sich, wenn auch nur hintergründig, im Roman.

Die stagnierende wirtschaftliche Lage der DDR in jener Zeit wirkte sich vor allem durch den Kontrast zu dem „kapitalistischen" Rivalen, der Bundesrepublik, auf die ungemein angespannte politische Situation in der DDR aus. Der Leser, besonders der im Westen lebende Leser, muß sich bewußt sein, daß die DDR zur Zeit der Erzählung in keiner Weise von der Bundesrepublik anerkannt wurde, und daß die Hallsteindoktrin[24] eine weltweite Isolierung der DDR anstrebte. Die Konfrontation Ost–West sowie die Angst, daß der „kalte Krieg" sich in einen „heißen Krieg" umwandeln könnte, war Anfang der sechziger Jahre etwas, das die Menschen in Ost und West permanent beschäftigte und im Unterbewußtsein stets eine Rolle spielte, besonders natürlich zu Krisenzeiten, wie z. B. während des Berliner Mauerbaus (1961), dem die Ungarnkrise (1956) vorausging und die Kubakrise (1962) folgte. Diese gefahrvolle, zeitgeschichtliche Konstellation stellt daher einen wichtigen Hintergrund, der besonders in der zweiten Hälfte des Romans eine entscheidende Rolle spielt.

2.3.2 Gegenüberstellung Stadt–Land

Zu Anfang der rückblickenden Haupthandlung schildert der Erzähler mittels einer idyllisch und romantisch untermalten, beinahe biedermeierisch anmutenden Beschreibung Ritas Ausgangsposition in ihrem Dorf, wo gesellschaftlich-politische Spannungen und Probleme ausgeklammert sind. Ritas Dorf ist ein Ort der Ruhe und Ausgeglichenheit, wo die Zeit stillzustehen scheint. Dort fühlt sich die neunzehnjährige Rita durchaus wohl: „Sie war zufrieden mit ihrem Dorf: Rotdachige Häuser in kleinen Gruppen, dazu Wald und Wiese und Feld und Himmel in dem richtigen Gleichgewicht..." (11)

In der Nähe dieses Dorfes, in der kleinen Kreisstadt, hat Rita eine Routinebeschäftigung in einem Büro angenommen, die sie aber nicht ausfüllt. Doch hat auch die Ausgangsposition des poetisch geschickt angelegten Reifeprozesses von Rita in der Dorfidylle Probleme, die in der Nichterfüllung hochgespannter Träume, in Einsamkeit und Verlorenheit Ausdruck finden. Rita hatte gegen den Wunsch des Lehrers die Schule verlassen und mit siebzehn ihre Arbeit angetreten, weil sie sich gegenüber der Mutter verpflichtet fühlte, Geld zu verdienen, denn sie waren Flüchtlinge. Die Mutter konnte nicht mehr in der Fabrik arbeiten, und der Vater war nicht aus dem Krieg zurückgekehrt. Das tagtägliche Eintragen von „Zahlenreihen in endlose Listen" in dem engen Büro einer großen Versicherungsgesellschaft ist für Rita aber nur Übergangsstation, denn ihr engagierter Lehrer hatte ihre Ansprüche an das Leben gestärkt: „Sie erwartete Außerordentliches, außerordentliche Freuden und Leiden, außerordentliche Geschehnisse und Erkenntnisse." (14)

Geschickt wird von Christa Wolf das Unbefriedigende der dörflichen Existenz dazu benutzt, Ritas innere Bereitschaft vorzubereiten, diesem harmonischer aber ereignisarmen Leben den Rücken zu kehren. Rita scheint nur auf die zwei bedeutsamsten Begegnungen jener Zeit – mit dem „Chemiedoktor" Manfred und dem sozialistischen Lehrerwerber Schwarzenbach – zu warten. Mit diesen Bekanntschaften leitet die Autorin die zwei wichtigsten Parallelhandlungen des Romans ein: die Geschichte von Ritas Liebe bis hin zur Trennung und die ihres intellektuellen und erzieherischen Reifeprozesses durch die Lehrerausbildung, einschließlich des damit verbundenen Praktikums im Waggonwerk. Gleichzeitig führt Ritas Weg so auch in das pulsierende Leben der Stadt, was ein bedeutsames Element in ihrer Entwicklung darstellt.

Wieder weist Christa Wolf über Ritas individuelle Erfahrung der Stadt hinaus auf die allgemeine Problematik der Industriestadt und ihrer Menschen: „Auch heutzutage noch kommt ein Mädchen zum erstenmal im Leben in die große Stadt." (27) Die Bedeutung dieses Satzes wird unterstrichen, indem er als Absatz allein steht. Er übt eine einprägsame, verallgemeinernde Wirkung aus, denn plötzlich ist in der Reflexionsebene des Lesers nicht mehr allein von Ritas Stadt, von der Stadt Halle, die Rede, wo auch Christa Wolf gelebt hat, sondern von irgendeiner und jeder Industriestadt. Der Leser im Westen fühlt sich genauso angesprochen wie der im Osten. Der Einzelne kann sich hier verlieren.

Obwohl Rita schnell lernt, fühlt sie doch die Vereinzelung, die Einsamkeit und Gleichgültigkeit, die diese Stadt hervorruft und ausstrahlt: „Die zweimal hunderttausend Leute lebten nicht hier, weil es besonders Spaß machte, hier zu leben. Das sah man ihren Gesichtern an... Freiwillig kam man wohl nicht hierher. Was aber zwang sie?" (27) Die Frage bleibt offen, wird vom Erzähler nicht beantwortet, und der Leser ist aufgefordert, die Antwort selber zu geben. Wichtig für den westlichen Leser bei der Intentionsanalyse einer solchen Fragestellung ist, daß der Primäradressat des Romans der Leser in der DDR ist. Ihn will die Autorin zur Reflexion animieren. Gleichzeitig muß dies als geschickt vorbereitete Handlungsführung gewertet werden, die von der allgemeinen Fragestellung zur spezifischen beispielhaften Antwort führt, die durch ausführliche Diskussion der Menschen an ihrem Arbeitsplatz im Waggonwerk gegeben wird.

Daß diese Stadt in ihrer menschenunfreundlichen Gestalt ein Produkt der kapitalistischen Gesellschaftsordnung ist, die ja bis vor etwa einem Jahrzehnt herrschte, betont die Marxistin Christa Wolf natürlich auch, wenn auch nur indirekt. Zum Beispiel beschreibt sie das Armeleuteviertel, welches an das vornehme Villenviertel von Manfreds Eltern grenzt, als Manfred Rita zum Fluß führt: „...über zerbröckelnde Holztreppen, ineinandergeschachtelte lichtlose Höfe, durch dumpfige, schwammzerfressene, mit niedergetretenen Ziegeln gepflasterte Hausflure..." (28) Darüber hinaus macht die Autorin mit ihrer Kritik hier nicht halt, sondern bemängelt z.B. die Umweltverschmutzung als ein Problem, welches im Osten wie im Westen große Probleme aufwirft. Dabei wird dem Leser klar, daß zu jener Zeit in der DDR, wo die wirtschaftliche Produktion an der Spitze der staatlichen Prioritäten stand, die Umweltproblematik noch mehr oder weniger ignoriert wurde: „Über allem diese Dunstglocke, Industrieabgase, die sich schwer atmen. Die Himmelsrichtungen bestimmte man hier nach den Schornsteinsilhouetten der großen Chemiebetriebe, die wie Festungen im Vorfeld der Stadt lagen." (27) Nicht nur die Dunstglocke, sondern auch die Verschmutzung des Flusses wird durch die Industriewerke hervorgerufen. Seit Manfred ihn als Kind verlassen hat, ist der Fluß unfreundlicher geworden: „...er führte watteweißen Schaum mit sich, der übel roch und vom Chemiewerk bis weit hinter die Stadt den Fisch vergiftete." (28)

Als neue kritische Beobachterin kann Rita der Industriestadt kaum etwas Positives abgewinnen, nur Manfred, der hier zu Hause ist, der seine Kindheit hier verbracht hat, vermag sie auf verborgene Schönheiten und Reichtümer aufmerksam zu machen. Die Notwendigkeit des gesellschaftlichen Kontaktes mit dem anderen Menschen, den man kennt, der einem etwas bedeutet, unterstreicht jedoch nur den grundsätzlichen Eindruck der Einsamkeit und Verlorenheit, eben, daß man freiwillig nicht in diese Stadt ziehen würde. Rückerinnernd läßt Rita im eingeflochtenen Monolog noch einmal ihre Gefühle und Vorahnungen, die sie hatte, als sie die Stadt vom Turm aus unter sich liegen sah, in sich lebendig werden: „Ich mach mir nichts aus Vorahnungen, aber daß mir manchmal schwer zumute sein würde, das hab ich gewußt. Hunderttausend Gesichter ... Unter den hundert in meinem Dorf bin ich nicht so allein gewesen." (27)

So gesehen ist es nicht verwunderlich, daß das Dorf für Rita ein Ort der Zuflucht bleibt, zu dem sie bei der ersten großen Krise zurückkehrt, nämlich dann, als Gefahr besteht, daß ihre Kommilitonin Siegrid ihr Studium nicht fortsetzen kann, weil ihre Eltern mit den kleinen Geschwistern „weggegangen" sind und Siegrid unter dem Verdacht der Mithilfe bei der „Republikflucht" steht. In dieser Situation, der sie nicht gewachsen ist und die ihre seelische Kraft bis auf den Grund erschöpft (vgl. 125), flieht Rita zurück in ihr Dorf, und wieder malt Christa Wolf ein idyllisches Bild dessen, was Rita empfindet: „Nichts war vergessen, aber sie fühlte deutlich, wie gut sie getan hatte, hierher zu kommen. Dieses hohe, zart verschleierte Himmelsgewölbe... ordnete wie von selbst alles um einen natürlichen Mittelpunkt und ließ kein quälendes Außer-sich-Sein aufkommen." (126)

Allerdings beläßt es die Autorin nicht bei diesem Bild, sondern entmythisiert es, indem sie andeutet, daß die großen sozialistischen Umwälzungen jener Jahre, die Verstaatlichung der Landwirtschaft, in Ritas Abwesenheit einen einschneidenden Wandel im Landschaftsbild und bei den Menschen hervorgerufen haben: „Die Leute, die sie unterwegs traf, steckten voller Neuigkeiten... Allmählich entdeckte sie neue Linien im Gesicht der Landschaft. Ackerflächen, deren Grenzen in einem anderen Winkel zum Horizont verliefen als die uralten Grabenrunzeln der Erde in früherer Zeit. So schnell prägten die neuen Züge sich nicht in die Gesichter der Menschen. Aber Rita spürte fast körperlich ihre Unruhe, ihre Angst vor Verlust, ihre noch unsichere Hoffnung auf Gewinn." (127) In prägnanter Weise gelingt es Christa Wolf, die neue Situation auf dem Lande darzustellen und so anzudeuten, daß der Stadt-Land-Kontrast durch die sozialistischen Veränderungen zwar nicht aufgehoben, wohl aber weniger spürbar ist.

Die Beschreibung von Ritas Erfahrung im Waggonwerk hat eine ergänzende Funktion zu dem Motiv der Stadt und steht im Einklang mit Christa Wolfs Anliegen, die Erfahrungswelt des Arbeiters mitzuverarbeiten. Sie folgt damit dem Bitterfelder Aufruf, selbst am sozialistischen Aufbau teilzunehmen, wie Walter Ulbricht dies in seinem Schlußwort zur ersten Bitterfelder Konferenz zusammengefaßt hat: „...das Neue erkennen, begreifen, aufspüren und schöpferisch darstellen, das kann der Schriftsteller am besten, der selbst an den Brennpunkten der Entwicklung des neuen Lebens wirkt und tätig ist."[25] Das Bemühen, dieser These Folge zu leisten, findet seinen intensivsten Niederschlag in der Beschreibung von Ritas Praktikum im Waggonwerk. Rita, überzeugt von Schwarzenbachs Worten, „ein Lehrer muß heutzutage einen Großbetrieb kennen", hatte durch Manfreds Vater die Arbeitsstelle vermittelt bekommen. Der Arbeitserfahrung im Waggonwerk muß für Rita eine mindestens ebenso wichtige Funktion beigemessen werden wie dem Kennenlernen der Stadt. Sie selbst wird sich auf ihrem ersten Gang zur neuen Arbeitsstelle dessen bewußt: „Schon unterwegs wurde ihr klar, daß sich die Wochen, die vor ihr lagen, mit nichts vergleichen ließen, was sie kannte. Ihr Dorfleben versank endgültig hinter ihr, fern und kühl." (30) Halten wir also fest: Die Fabrik wird zu einem wichtigen Teil in der Stadt-Dorf-Konstellation des Romans, einem Ort, der der Naturnähe und Idylle des Dorfes völlig entbehrt: „Das Werk war ein kreischendes, schmutziges Durcheinander... in ein viel zu kleines Dreieck zwischen die Hauptausfallstraße der Stadt, einen anderen Betrieb und die Bahnlinie gequetscht." (32)

Gegen Ende des Romans wird von dem Erzähler plötzlich versucht, den Gegensatz Stadt–Dorf mehr oder weniger ganz aufzuheben, indem das Positive in der neuen Stadt hervorgehoben und das Dorf aus sozialistisch-historischer Sicht beschrieben wird: „Wir fuhren in unserem schönen, bequemen, modernen Gehäuse an den alten zerfressenen Rückwänden städtischer Straßen vorbei, an neuen Häusern mit bunten Balkonen... und immer wieder an den ehemals ziegelroten, jetzt verwitterten häßlichen und regellosen Dörfern, die nicht nach den Gesetzen von Vernunft und Schönheit, sondern nach denen von Angst und Gier aneinandergeklitscht waren." (141) Es wäre zu fragen, ob der Versuch einer Entmythologisierung des Dorfes als Entgegenkommen der Autorin an die Literaturfunktionäre der DDR zu werten ist. Im Gesamtbild des Romans wirkt die ungenügend motivierte Umkehrung der Stadtbewertung in der zweiten Hälfte des Romans nicht unbedingt überzeugend.

2.3.3 Generationskonflikt und Identitätsproblem: Manfred

Im Gegensatz zu Rita, deren Ausgangsposition das naiv-idyllische Dorf ist, von wo aus sie relativ unbelastet und erwartungsvoll in die Zukunft blicken kann, gehört Manfred einer anderen Generation an und darf als Repräsentant der Stadt angesehen werden. Was Rita als Dorfkind staunend erlebt und zu begreifen versucht, ist ihm Selbstverständlichkeit und erklärt seine zwar liebevolle, jedoch oft etwas herablassende Einstellung gegenüber Rita. Zehn Jahre älter als sie, ist Manfreds Wesen durch die Erziehung in Nazi-Deutschland und ein äußerst problematisches Elternhaus geprägt. Ungefähr gleichaltrig mit der Autorin, hat er in seiner

Problematik mehr mit ihr gemeinsam als Rita, obwohl man natürlich bei autobiographischen Hinweisen vor Überbetonung auf der Hut sein muß. Wichtig für die Entfaltung von Manfreds Persönlichkeit ist, daß sie primär aus der geschichtlichen Vergangenheit motiviert ist. Nach dem Krieg hatte er Schwierigkeiten, an ein plötzliches Anders-Werden unter der neuen Gesellschaftsordnung, dem Sozialismus, zu glauben. Das verbindet ihn mit den Hauptcharakteren in Christa Wolfs nachfolgenden großen Werken *Nachdenken über Christa T.* und *Kindheitsmuster,* wo dies eine noch größere Rolle spielt.

Die Atmosphäre in Manfreds Familienleben ist bestimmt durch eine Fassade, eine Maske, die jedes Familienmitglied trägt und die keine echte Kommunikation zuläßt. Die Kälte, Anonymität und Vereinzelung im Familienkreis werden durch Manfreds sarkastische Beschreibung der Wohnung seiner Eltern deutlich: „Mein Lebenssarg. Eingeteilt in Wohnsarg, Eßsarg, Schlafsarg, Kochsarg." (24) Bezeichnend für die verkrampfte Situation dieser Familie ist, daß sie nicht aus Liebe, sondern eher aus Torschlußpanik der Mutter entstanden war, welche alle anderen Bewerber aufgrund überspannter Ansprüche abgewiesen und schließlich keine andere Wahl mehr hatte, als den Vater, einen einfachen Schuhfabrikvertreter, zu heiraten. Daher hatte diese Familie auch nie ein Zusammengehörigkeitsgefühl oder gegenseitiges Vertrauen gekannt. Der Sohn, als Frühgeburt zur Welt gekommen und eigentlich zum Leben zu schwach, wird so zum Lebensinhalt der Mutter, die sich mit „selbstsüchtiger Mutterliebe" (42) an das Kind klammert. Als der Sohn sie verläßt, vermag sie ohne diesen Lebenssinn nicht mehr zu existieren.

Das Dasein in diesem Familienkreis wird somit für Manfred zur Hölle auf Erden. Er baut sich einen Schutzwall von Zynismus, Gleichgültigkeit und Kälte und glaubt, sich so daran zu gewöhnen. Er und die Eltern haben sich nichts zu sagen. Beide Eltern spüren wohl, daß Manfred sie verachtet, wenngleich die Mutter in der Lage ist, Manfreds Äußerungen immer wieder als Bekenntnisse für seine „heißgeliebte Mutter" (35) zu interpretieren. Manfreds Verachtung geht nicht nur auf die Nazizeit zurück, in der die Eltern eine aus seiner Sicht unwürdige Rolle gespielt hatten, sondern beruht vor allem auf deren Charakterlosigkeit. Wie sehr Manfreds Verhältnis zu seinen Eltern einen tiefen inneren

Konflikt darstellt, wird durch seine Reaktion auf eine Moralpredigt der Mutter deutlich, die ihn während einer Familienkrise weinend beschwört, den Vater zu achten: „...es ist doch dein Vater, überleg doch, was das heißt." (40) Manfred wird weder wütend noch böse, sondern verläßt das Haus. Hierzu sei noch erwähnt, daß die schwierigen Wohnverhältnisse, die besonders damals noch in der DDR herrschten, es Manfred praktisch unmöglich machten, auszuziehen, und die Möglichkeit daher vom Erzähler gar nicht erst in Erwägung gezogen wird.

Da Manfred sich in keiner Weise mit seiner Familie identifizieren kann, ist er ganz auf sich selbst angewiesen, was seine große innere Einsamkeit bewirkt. Auch im Verhältnis zum anderen Geschlecht gelingt es ihm bis zur Begegnung mit Rita nicht, irgendein für ihn bedeutsames Verhältnis herzustellen, wie die folgenden, an Schnitzlers *Anatol* anklingenden Worte verdeutlichen: „Noch nie hatten ihn gemeinsame Nächte an eine Frau gebunden. In jede neue Begegnung nahm er schon die Kälte der unvermeidlichen Trennung mit hinein und wurde gleichgültiger von Mal zu Mal." (18) In Manfred wird also ein Mensch porträtiert, den Gleichgültigkeit und Empfindungskälte kennzeichnen. Wichtig ist ihm nur sein Beruf, den er aus Rache an seiner Mutter gewählt hat, denn er sollte Schauspieler werden und zeigte auch Talent.

Die Bedeutung des Berufs für Manfred hebt sich gegen eine sonst sehr pessimistische Weltsicht ab und erklärt gleichzeitig seine heftige Reaktion auf die Niederlage, daß die von ihm erfundene Maschine nicht gebaut wird. Sein Verhältnis zu Beruf und Mitarbeitern wird jedoch auch von seiner Disposition geprägt, die ja „echte, historische Züge der Generation [trägt], die nach dem Kriege ins Erwachsenenalter eintrat", wie Dieter Schlenstedt[26] durchaus richtig feststellt. Dabei steht Manfred trotz seiner Skepsis und seines Zynismus der neuen sozialistischen Gesellschaftsordnung keineswegs abweisend gegenüber, denn er will sich ja einsetzen, er will zeitweise dazu beitragen, Mißstände abzubauen. So läßt Christa Wolf die Möglichkeit, daß Manfred sich in positiver Weise eingliedert, und zwar besonders durch Ritas Einfluß, eigentlich bis zu der Entscheidung für die Flucht in den Westen offen. Sicherlich stellt der plötzliche Wandel der Gesellschaftsordnung für Manfred und seine Generation ein großes Problem dar. Die desillusionierte Generation, der er ja angehört, kann anfänglich nur negativ reagieren. „Die sollen uns bloß noch mal kommen!" (45) ist eine typische und auch verständliche Reaktion, denn man hat mit eigenen Augen gesehen, wohin zu großes Vertrauen und Gläubigkeit an eine Sache führen können.

Gestärkt wird dieses Gefühl durch das Verhalten der Mitläufer, zu denen Manfreds eigener Vater zählte, der ohne jede Überzeugung und aus Opportunismus bei den Nazis mitgemacht hatte und nun ohne große Bedenken wieder das neue Parteiabzeichen im Knopfloch trägt. Indem durch Manfred angedeutet wird, daß solch ein Wechsel ohne innere Überzeugung durchaus kein Einzelfall ist und daß es „viel schlimmere" (46) gibt, geht die Autorin ein politisches Risiko ein. Eine solche Aussage, selbst wenn sie der Wahrheit und Überzeugung der Autorin entspricht, ist nicht ohne weiteres mit der vom sozialistischen Realismus vorgeschriebenen Parteilichkeit zu vereinbaren. Tatsächlich stellt das Anschneiden dieses Themas ein Durchbrechen von Tabus der DDR-Literatur dar, welches schließlich seinen Höhepunkt in der offenen Diskussion über Republikflucht und Selbstmord findet.

Auch das Einflechten von einer für die bisherige DDR-Literatur so negativen Gestalt wie Manfred, dessen Vereinsamung und Isolierung ja in der sozialistischen Gesellschaft eigentlich nicht vorkommen sollte und der in seiner pessimistischen, an Nihilismus grenzenden gesellschaftlichen Einstellung keinesfalls als beispielhaft oder als positiver Held gewertet werden kann, widerspricht den Vorstellungen der Literaturfunktionäre, der „Administratoren der Literatur"[27], wie Stefan Heym sie einmal genannt hat. Dabei kann Manfred auch nicht einfach als „Saboteur" oder „staatsfeindlicher Agent" angesehen werden, denn, wie schon angedeutet, bemüht er sich anfangs auf seine Art und Weise, am „Aufbau des Sozialismus" mitzuarbeiten. Gerade als Manfred versucht, sich mit dem Neuen zu identifizieren, indem er auf einer Universitätskonferenz auf Mißstände im Studienbetrieb hinweist, auf „tollen Ballast... Heuchelei, die mit guten Noten belohnt wurde" (131), muß er feststellen, daß der einzige Mensch, den er als Freund ansah, ihn in einem Zeitungskommentar zerfetzt: „Er schrieb über die ‚vom Leben abgekapselten, in bürgerlichen Irrmeinungen befangenen Intellektuellen, die unsere Universitäten in den ideologischen Sumpf zurückzerren wollen'." (132)

Dieser „Freund“, in Wahrheit ein engstirniger Parteibonze, wirft Manfred wieder ganz auf sich zurück. Jegliche Identifizierung mit der neuen Gesellschaft, zu der er sich mit seiner geschichtlichen Vorbelastung langsam und mühselig durchgerungen hatte, ist damit zerstört. Unübersehbar ist in dieser Episode Manfreds Kritik an den übereifrigen, starren Parteifunktionären, den „Mangolds“, wie der Erzähler diese Typen im Roman nennt, die über die Parteilinie „wie Katholiken über die unbefleckte Empfängnis reden“ (130). Der Leser sollte sich bewußt sein, daß dies für eine DDR-Autorin Anfang der sechziger Jahre mutige Worte sind.

Bedeutsam ist, daß die „Gleichgültigkeit gegen alles“ (22) von Manfred jedenfalls teilweise und zeitweise überwunden wird, nachdem er Rita kennenlernt. Jetzt kann er „nicht mehr kalt bleiben“ (22). Sie hat ihn durch ihre Frage „Ist es schwer, so zu werden wie du bist?“ nicht nur für sich gewonnen, sondern ihn auch tief getroffen. Eine gewisse Selbstanalyse setzt ein, und er fragt sich: Warum hat das keiner gesagt? Warum mußte erst dieses Mädchen kommen? Die Begegnung mit Rita ist also der ausschlaggebende Moment, welcher ihn auch seiner Arbeit mit einer „ganz neuen Spannung“ (23) nachgehen läßt. Sein berufliches Fortkommen wird ihm nun wirklich wichtig. Die darauf folgende Anerkennung führt zu einer seltenen, kostbaren Übereinstimmung mit der Welt: „Manfred hatte eine gute Zeit. Er lebte in dem glücklichen, entspannten Nachgefühl einer gut und ehrlich vollbrachten Arbeit... Man interessierte sich nicht nur an seinem Institut für die Lösungen, die er gefunden hatte. Er verbrachte seine Zeit damit, Anfragen zu beantworten, seine Dissertation zum Druck vorzubereiten und in Betrieben vor Fachkollegen zu sprechen.“ (78) Schließlich geht er sogar gewisse Kompromisse ein, indem er sich z.B. nicht von dem „Götzendienst“ (108) an seinem Professor distanziert, wie das bei seiner kritisch analysierenden Einstellung zu erwarten wäre. Jetzt porträtiert der Erzähler Manfred als einen Mann mit Ambitionen, der seine Rivalen durch sein neues Projekt, die Spinn-Jenny, übertrumpfen will.[28] Als die Erprobung der Maschine dann abgelehnt wird, spricht er sich von jeglicher Verantwortung gegenüber dem Staat frei: „Er war drauf und dran gewesen, sich einfangen zu lassen. Das war blamabel, aber es würde ihm nicht mehr passieren.“ (111) Nicht nur ist sein innerer Stolz verletzt, sondern er sieht plötzlich, wie bedeutsam ihm diese Sache geworden ist, wie er sich damit identifiziert hat. Indem Manfred sich von der innerlichen Bindung an seine berufliche Laufbahn im neuen Staat löst, ist es nur eine Frage der Zeit, bis er der Verlockung durch bessere Möglichkeiten im Westen nachgibt.

Außer an Rita fühlt sich Manfred jetzt an nichts mehr gebunden. Der neue Staat hat durch die Ablehnung seines Projekts in seinen Augen Funktionsuntüchtigkeit bewiesen. Daß dies eine Rationalisierung seines Konflikts ist und kaum einer objektiven Analyse standhalten kann, ist natürlich aus Christa Wolfs Sicht und im Hinblick auf die Zensur wichtig. Trotzdem ist seine Motivierung, sein Mangel an Identifizierung mit dem neuen sozialistischen Staat problematisch, ist daher auch sehr unterschiedlich von der DDR-Kritik beurteilt worden und hat somit zur großen kritischen Debatte um das Buch beigetragen.

2.3.4
Emanzipation und gesellschaftliche Identifikation: Rita

Im Gegensatz zu Manfred ist Rita durch ihre Jugend relativ unbelastet. Sie ist ein Mädchen, das zwar die Geschehnisse des Krieges als Flüchtlingskind noch miterlebt hat, jedoch die Nachkriegsjahre ziemlich ungetrübt in ihrem Heimatdorf verbringt. Ihre Charakterisierung als unbekümmertes, etwas naiv interessiert in die Welt blickendes und sehr intelligentes Mädchen soll die offenere, unvoreingenommene Sehweise und Beurteilung der neuen, sich konstituierenden sozialistischen Gesellschaft demonstrieren. Rita soll einen Entwicklungsprozeß durchmachen – und so gesehen handelt es sich um einen Entwicklungsroman –, bei dessen Ablauf die Heldin sich klar zur Entscheidung für den Sozialismus durchringt, während Manfred dies anhand seiner geschichtlichen Vorbelastung nicht möglich ist. Ein Ziel dieses Abschnittes wird es daher sein, zu sehen, inwieweit es der Autorin geglückt ist, diese Intention überzeugend zu gestalten.

Die Stationen der Handlung (Dorf-Liebe-Stadt-Lehrerausbildung-Waggonwerk-Berlin-Unfall-Sanatorium) sind weder außergewöhnlich noch komplex. Rita selber nennt ihre Geschichte „banal" (11). Nichtsdestoweniger gelingt es der Autorin, in das sich über zwei Jahre hinziehende Geschehen ein breites Spektrum der DDR-Wirklichkeit einzuflechten. Dabei werden die Konflikte und Widersprüche der sich etablierenden Gesellschaft nicht vermieden, sondern bewußt herausgegriffen. Indem die Autorin dem Leser die Problemkreise durch die Augen einer unbelasteten, objektiven Beobachterin zu unterbreiten sucht, und zwar allgemeine Probleme, aus dem konkreten, eigenen Erleben Ritas erwachsen, veranschaulicht Christa Wolf die Bedeutung der Aussagen. Die rückblickende Erzählweise wirkt aus dieser Sicht besonders geschickt.

Gleichzeitig gewinnt die Erzählung durch die weibliche Perspektive der Hauptfigur auch eine feministische Dimension. Rita wird trotz ihrer jugendlichen Naivität als emanzipierte Frau dargestellt, die sich nicht nur in natürlicher Freiheit dem geliebten Mann hingibt, sondern als Frau stets die Initiative ergreift, auf der Suche nach Selbstverwirklichung ist und sich in einer Männerwelt behauptet. Der Roman wird damit auch zu einem Emanzipationsroman, wobei die Emanzipationsproblematik der verheirateten Frau allerdings noch nicht berührt wird und erst im folgenden Werk, *Nachdenken über Christa T.*, eine bedeutsame Rolle spielt. Ritas Entwicklungsgeschichte ist in der Handlungsführung einerseits als Entwicklungsprozeß vom naiv, apolitischen Denken bis hin zum teils bewußten, teils intuitiven, aber keineswegs unproblematischen Bejahen der sozialistischen Gesellschaft intendiert. Andererseits ist Ritas Entwicklung auch als Selbstfindung und Emanzipierungsprozeß der Frau zu werten. Diese beiden nebeneinanderherlaufenden Handlungen in der Geschichte Ritas sind eng miteinander verflochten und werden im Verhältnis zur Liebesgeschichte (Rita-Manfred) gestaltet.

In der Gesamtanlage des Romans tritt Rita als Heldin auf, und aus unserer Sicht wäre es verfehlt, Manfred in das Zentrum des Romans rücken zu wollen, wie Alexander Stephan dies als Möglichkeit andeutet.[29] Stephan spricht von einer „entwicklungslosen, passiven Rita", was im Hinblick auf ihre offensichtliche Entwicklung vom naiv-fröhlich interessierten Dorfkind zur durch Erfahrungen, Krisen und einen Selbstmordversuch gereiften Frau schwer verständlich erscheint. Darüber hinaus macht Rita in ihrem reflektierenden Rückerinnern, dem kritischen Auseinandersetzen mit den beiden Jahren ihrer Liebe durchaus einen Reifeprozeß durch. Die beiden schon erwähnten Parallelentwicklungen Ritas – die Auseinandersetzung mit dem Gesellschaftssystem sowie die Selbstfindung als Individuum und Frau – werden mehr oder weniger gleichzeitig in Bewegung gesetzt.

Bedeutsam ist, daß Rita die wichtigen Entscheidungen, die ihr Leben fundamental verändern, schnell und intuitiv trifft. Dabei ergreift sie im persönlichen Bereich durchaus die Initiative, ist also keineswegs nur passiv. Sie ist es, die die entscheidende Frage stellt, die Manfred im Kern seines Wesens trifft. Sie lädt ihn zu ihrer Familie ein, und ihre Entscheidung für das Lehrerseminar trifft sie, ohne nach Manfreds Meinung zu fragen. Die Tatsache, daß Manfred dann in der gleichen Stadt wohnen würde, darf dabei allerdings auch als ein Beweggrund angesehen werden. Hier greifen also beide Parallelhandlungen ineinander.

Die Entscheidung, das Angebot Schwarzenbachs, dem Bevollmächtigten für Lehrerwerbung, anzunehmen, ist primär intuitiv: „Es gelang ihr... in Blitzesschnelle den Zufall dieser Lebenswende für sich in Notwendigkeit zu verwandeln. Hatte sie nicht lange genug darauf gewartet?“ Sie entscheidet sich also in einem eher tranceartigen Zustand dazu, ihr Leben der Ausbildung von jungen Menschen und dem sozialistischen Bildungssystem zu widmen. Ein wichtiger Gesichtspunkt ist dabei sicherlich auch der Wunsch, durch diese Entscheidung Manfred näher zu kommen, sei es, indem sie in die gleiche Stadt zieht, oder daß sie den Bildungsunterschied zu ihm überwinden will: „Würde es sie nicht noch fester an Manfred binden, ohne den sie nie – niemals! – den Mut zu einem solchen Entschluß gefunden hätte?“ (21) Jedenfalls ist ihre Liebe zu Manfred ein ausschlaggebendes Element in ihrer Entscheidung, und sie kann nicht ahnen, daß diese den Anfang eines allmählichen inneren Auseinanderwachsens bedeutet, denn sie soll – so jedenfalls die Intention der Autorin – eine gesellschaftliche Entwicklung durchmachen, der Manfred nicht zu folgen vermag.

In dieser Hinsicht sind besonders ihre Erfahrungen im Waggonwerk wichtig, die ihr Einsichten in das wirkliche Leben des „Arbeiter- und Bauernstaates“ vermitteln, ihr Selbstbewußtsein als Mensch und Frau stärken und allmählich ein Gefühl der Zugehörigkeit in ihr entwickeln, das immer bedeutungsvoller für sie wird. Dieses Gefühl des Dazugehörens, gestärkt durch ein Loyalitätsgefühl, wird somit zu einem Gegenpol zu Manfred, den sie weiterhin liebt, der aber nicht mehr allein im Zentrum ihres Lebens steht. Manfred erkennt dies sofort mit einer gewissen Eifersucht: „Sie wird nicht für mich allein leben." (23) Als sie dann auf ihr Ziel „so unbeirrbar losging, wie sie auf ihn losgegangen war", steigert sich Manfreds anfängliche Eifersucht in eine Wut über die „sinnlose Vergeudung ihrer Kraft" (33), insbesondere durch die Arbeit im Waggonwerk. Manfred fühlt sich in seinem männlichen Rollenverständnis bedroht. Bei seinem Überredungsversuch, die Waggonarbeit aufzugeben, wird Ritas persönliche Eigenständigkeit und Unabhängigkeit deutlich: „Da kann man nicht einfach aussteigen." Auf sein Drängen, man könne, was man wolle, entgegnet sie ziel- und selbstbewußt: „Dann will ich's nicht." (33)

Trotz der Härte der Arbeit, der Müdigkeit und des Ausgelaugtseins, gewinnt für Rita die Erfahrung im Waggonwerk an persönlicher Bedeutung, und zwar letztlich auch, weil sie sich nicht nur als junger Mensch in der Welt der Produktion zurechtfinden muß, von deren Arbeitsvorgängen sie vorher keinerlei Ahnung hatte, sondern darüber hinaus, weil sie sich als Frau in einer Männerwelt behaupten muß. Christa Wolf läßt dies bewußt als wichtiges Motiv in das Erzählgefüge einfließen, indem sie die Protagonistin gleich am ersten Arbeitstag die Sachlage erkennen läßt. Rita schlägt z. B. den Mantelkragen hoch, als sie allein zwischen den Männergruppen ins Werk geht, um „erstaunten oder neugierigen Blicke(n)" (30) vorzubeugen. Im Werk selbst weiß der Brigadier[30] Günter Ermisch anfangs „nichts mit ihr anzufangen", bis er die „geniale" Entscheidung trifft, Rita mit Meternagel, der selbst erwachsene Töchter hat, und Hänschen, der wie der Name schon andeutet, „nicht allzu fix im Denken" (vgl. 31) und daher „ungefährlich" ist, zusammenarbeiten zu lassen.

Ritas Arbeitserfahrungen in der Industrie lassen Rita schnell heranreifen. Mit offenen Augen beobachtet sie die Menschen und macht sich Gedanken über ihre Arbeitswelt. Das stärkt sie in ihrem Selbstbewußtsein. Auch Manfred sieht diesen Wandel: „Ihr Gesicht war ihm nie langweilig. Er sah wohl, daß es sich verändert hatte, seit sie sich kannten, obwohl es glatt und makellos blieb... Aber hinter den mädchenhaften Zügen kündigte sich eine neue Festigkeit an, eine neue Reife, die ihm sehr gefiel und die ihn zugleich beunruhigte." (79)

Rita, gerade zwanzig, reift in kurzer Zeit zur selbstbewußten Frau heran, die sich ihrer Weiblichkeit durchaus bewußt ist. Welch ein Unterschied ist z.B. in ihrem Auftreten während des Empfangsabends für die Waggonbauer beim Rat der Stadt im Vergleich zu ihrer Unsicherheit am ersten Arbeitstag zu erkennen. Jetzt weicht sie den Männerblicken nicht mehr aus: „Manfred bewundert Rita, wie sie, nun schon an viele Blicke gewöhnt, graziös und stolz an seinem Arm zur Tanzfläche schritt. Sie blickte in keinen der Spiegel, an denen sie vorbeikamen. Sie wußte, daß sie sich jetzt nur zu geben hatte, wie sie war, um jedermann zu entzücken... Er fing einen blitzenden Triumphblick auf, als beim nächsten Tanz mehrere junge Männer auf sie zukamen. Er tanzte mit keiner anderen, während sie strahlend von Arm zu Arm ging." (83) Diese Beschreibung – Christa Wolf scheint hier noch selbst einem Rollenklischee der Frau verhaftet – soll den Wandel in Ritas Wesen, das neue Selbstbewußtsein als Frau, die sich in ihrer gesellschaftlichen Rolle voll akzeptiert und sich als gleichberechtigt in einer von Männern dominierten, patriarchalischen Welt ansieht, darstellen. Es bestimmt auch ihr Verhältnis zu Manfred, der lange zögert, „dieser Veränderung auf den Grund zu gehen" (91). Sie nimmt ganz selbstverständlich Rechte in Anspruch, die ihr angemessen erscheinen. So bleibt sie dem Abendessen fern, um den Abend mit Schwarzenbach zu verbringen, obwohl sie weiß, daß Manfred sich sorgen würde, und schließlich akzeptiert sie sogar Wendlands Einladung (vgl. 152) zu einer Autofahrt.

Am klarsten tritt ihre neue Selbstsicherheit vielleicht beim Empfang im Hause des Professors zutage, als sie für Rudi Schwabe, den „Vertreter des Staates" (111), Partei ergreift, der mit seinen langatmigen Argumenten von der scharfen Logik der promovierten Chemiker in die Enge getrieben wird. Daß die Autorin Rita den Mut zubilligt, in diesem Kreise zu sprechen und den Chemieassistenten sogar zu widersprechen, muß als Indiz dafür gewertet werden, daß Christa Wolf in Rita nun eine herangereifte, gesellschaftlich und geistig emanzipierte Frau porträtieren will, die sich auch ihrem Liebhaber Manfred gegenüber durchaus ebenbürtig fühlt, denn Rita fragt Manfred in keiner Weise, ob er mit ihrem Auftritt oder ihren Argumenten einverstanden ist (vgl. 114). Daß das Thema des Abends mit keinem Wort mehr angeschnitten wird, deutet gleichzeitig auf das sich allmählich herauskristallisierende Kommunikationsproblem zwischen den beiden Liebenden hin.

Durch Ritas wachsende Identifikation mit der bestehenden sozialistischen Gesellschaftsordnung versucht die Autorin, eine Figur zu schaffen, die der These von der „Beispielhaftigkeit" des sozialistischen Realismus entspricht, eine Figur jedoch, die keinesfalls gegen Zweifel und Krisen gefeit ist, um so die bis dahin übliche Schwarzweißmalerei zu vermeiden. Ritas meist nur unterschwellige Zweifel kommen vor allem zum Ausbruch, als man sie als Komplizin zur Republikflucht verdächtigt und ihre Lehrerlaufbahn in Frage stellt. Diese Situation entwickelt sich zu einer Krise, in der sie ganz auf ihr eigenes Selbst zurückgeworfen wird. Alle Menschen, auf die sie ihr Vertrauen gerichtet hatte, sind in diesem Moment vollauf mit persönlichen Problemen beschäftigt, so daß sie sich ausgeschlossen fühlt und Geborgenheit in der sozialistischen Gemeinschaft als realistische Möglichkeit bezweifelt: „Sie war auf dieses ganze Gerede – Gerede, das war es! – hereingefallen: Der Mensch ist gut, man muß ihm nur die Möglichkeit dazu geben. Welch ein Unsinn! Wie dumm die Hoffnung, dieser nackte Eigennutz in den meisten Gesichtern könnte sich eines Tages in Einsicht und Güte verwandeln." (125) Die durch die Umstände und menschliche Unzulänglichkeit bedingten Zweifel lassen Rita alle Grundvoraussetzungen der marxistischen Glaubenssätze in Frage stellen. Wiederum ist es die Diskrepanz zwischen Theorie und Realität im sozialistischen Alltag, welche Christa Wolf als unbewältigte Problemstellung anklingen läßt. Ist der Mensch nur ein Produkt seiner Umwelt und im Grunde gut, oder ist der Eigennutz eben doch die primär motivierende Kraft im Menschen, die auch eine Änderung der gesellschaftlichen Bedingungen nicht zu eliminieren vermag? Zu dem Zeitpunkt ist es Rita nicht möglich, diese Grundfrage zu beantworten.

Christa Wolf versucht, Ritas „Rückfall" zu mildern und zu entschuldigen, indem sie ihn als momentane Schwäche hinstellt, als Anwandlung von „Trägheit und Mutlosigkeit". Rita sieht ein, daß sie „endgültig der Kindheit entwachsen war" (127). Durch diese Wende zu einer positiven Einstellung gegenüber sich und der sozialistischen Gesellschaftsordnung wird die Intention der Autorin klar: die Krise soll ihre Protagonistin ideologisch stärken. Das

Durchringen zu einer positiven Einsicht wird weiterhin dadurch als richtig bestätigt, daß Mangold durch Schwarzenbach daran gehindert wird, sich durchzusetzen. Wünschenswerte, positive Seiten der Partei werden herausgestrichen, wie z. B. Nachsicht und Geduld des idealisierten Parteimitglieds Schwarzenbach (vgl. 131), wobei es unklar bleibt, inwieweit dies Zugeständnisse der Autorin an die geforderte „Parteilichkeit" sind. Bedeutsam ist jedenfalls, daß auch hier die Partei nicht einseitig gepriesen wird, sondern jene Werte hervortreten, die die Autorin als Wunschbild akzeptieren kann. Die übereifrigen Vertreter dagegen werden nicht nur kritisch betrachtet, sondern geradezu gegeißelt und auf einer Linie mit den verkrampften Herrfurths eingestuft: „Warum ist mir früher nie die Ähnlichkeit zwischen Frau Herrfurth und Mangold aufgefallen, dachte Rita. Der gleiche blinde Eifer, die gleiche Maßlosigkeit und Ich-Bezogenheit... Kann man denn mit den gleichen Mitteln für entgegengesetzte Ziele kämpfen?" (123 f.)

Ritas ideologische Krise ähnelt durchaus Manfreds innerem Konflikt. In gewisser Weise gibt sie Manfreds Denkweise nach. Indem ihr aber, im Gegensatz zu Manfred, die Überwindung des eigenen Schwächeanfalls gelingt, soll das zu ihrem gesellschaftlichen Reifeprozeß beitragen. Über diese Intention der Autorin besteht kein Zweifel. Die daraus gewonnene innere Stärke fungiert als bedeutender und vorbereitender Aspekt für Ritas spätere Wahl zwischen dem Geliebten Manfred und dem neuen, sich konstituierenden sozialistischen Staat. Sicherlich war sich die Autorin klar, daß diese Wahl nur überzeugend sein kann, wenn der Leser in Rita eine geistig und gesellschaftlich emanzipierte Frau erkennt, die eine echte Bindung an ihren Staat empfindet. Darauf ist Ritas ganze Entwicklung im Romangefüge angelegt. Das naivfröhliche Dorfmädchen Rita hätte sich sicherlich intuitiv für Manfred entschieden; die Wahl der emanzipierten, gesellschaftlich reifen Frau muß anders ausfallen. Daß Ritas Entscheidung als eine vorläufige und durchaus nicht endgültige anzusehen ist, wird zu zeigen sein (vgl. 2.3.7).

2.3.5 Positive Nebengestalten: Wendland – Schwarzenbach – Meternagel

Bedeutsam für die Konzipierung von Ritas ideologischer Entwicklung sind vor allem die Menschen, die sie im Zusammenhang mit ihrer Lehrerausbildung und dem damit verbundenen Praktikum im Waggonwerk kennenlernt. Dabei spielen vor allem die drei positiv konzipierten Gestalten Wendland – Schwarzenbach – Meternagel eine zentrale Rolle, denn sie werden zu einem gewissen Grad den ideologisch problematischen Charakteren wie Manfred, Mangold und den Herrfurths gegenübergestellt. Mit Recht hat die Kritik nicht nur im Westen, sondern auch in der DDR selbst, darauf hingewiesen, daß bei der Konstellation der Charaktere die negativen Figuren sehr viel plastischer, intensiver und eindringlicher geschildert werden als die positiven, die meist flach und blaß erscheinen und vor allem einer Tiefen- und Hintergrundcharakterisierung entbehren. Dies trifft am offensichtlichsten für die Gegenüberstellung Manfred–Wendland zu. Während der Leser sehr genau über den problematischen Familienhintergrund Manfreds informiert ist, erfährt er, bis auf einige kurze Hinweise, nichts über Wendlands Entwicklung zum überdurchschnittlich überzeugten Kommunisten. Nur nebenher wird dem Leser unterbreitet, daß Wendland von Meternagels ältester Tochter geschieden ist, nach dem Krieg ungerechterweise in ein russisches Arbeitslager verbannt wurde und eine Anti-Faschismusschule durchlief. Es gibt ein paar Gespräche mit Manfred, in denen Wendlands Lebenssicht etwas differenzierter zutage tritt. Er läßt Manfred nicht nur seine persönliche optimistische Einstellung erkennen, sondern er vertraut seltsamerweise ausgerechnet ihm die Kritik an, die man ihm neben der Gratulation für den erfüllten Produktionsplan vorgebracht hat, wie z.B. persönliche Unbeherrschtheit und Anmaßung von Dienstfunktionen (vgl. 104). Für die eigentliche Handlung des Romans bleibt Wendland jedoch relativ unwichtig. So verläuft sich auch die angedeutete und potentiell explosive Nebenbuhlerrolle Wendlands zu Manfred sehr schnell im Sande.

Neben Karl Wendland spielt Erwin Schwarzenbach eine bedeutende Rolle in Ritas Entwicklungsprozeß. Er ist es, der sie als

Studentenwerber zum Studium bewegt hat. Ähnlich wie Meternagel besitzt er Ritas Vertrauen. An ihn wendet sie sich in Krisensituationen (vgl. 95). Vor allem aber fungiert Schwarzenbach als Gegenpol zu dem dogmatisch ausgerichteten, kurzsichtigen Parteifunktionär Mangold, der Ritas Krise heraufbeschwört, die in der Gefahr besteht, daß sie ihre Lehrerausbildung vorzeitig abbrechen muß, eine Gefahr, die Schwarzenbach unter Einsatz seiner eigenen Karriere abwendet. Schwarzenbach handelt als idealisierter Parteigenosse. Er setzt sich selbstlos ein, zeigt Verständnis für menschliche Schwächen, kurz, er repräsentiert die Vaterfigur der Partei (vgl. 126). Doch über seinen Hintergrund und seine Entwicklung erfährt man wenig, ja, eigentlich noch weniger als über Wendland. Nur in der Auseinandersetzung mit dem Dogmatiker Mangold läßt Schwarzenbach durchblicken, daß er einst dem Nationalsozialismus verschworen war und zu Kriegsende erwogen hatte, in den Werwolf zu gehen oder sich umzubringen. Ausführliche Gründe, warum er sich so bedingungslos zum sozialistischen Gesellschaftssystem bekennt, erfährt der Leser nicht.

Als wichtigster positiver Nebencharakter muß der um viele Jahre ältere Waggonwerkarbeiter Meternagel gelten, der Rita zum väterlichen Vorbild wird, zu dem sie hochblickt und der eine Art Ersatz für den nicht aus dem Krieg heimgekehrten Vater wird. Meternagels Ehrlichkeit und der uneigennützige Einsatz im Werk sind es vor allem, die Rita beeindrucken und von den Vorzügen des sozialistischen Staates überzeugen sollen. So jedenfalls könnte man es interpretieren, und so will es die sozialistische Presse und Literaturkritik sehen: „In ihre Welt sind die Erlebnisse im Betrieb eingegangen, das kämpferische und widerspruchserfüllte, nicht festgefahrene, sich wandelnde Leben; das Wissen um ein Kollektiv streitender und sich überwindender Menschen; die große Lehre aus dem Schicksal des Mannes Meternagel."[31] Rita ist von Meternagel beeindruckt und angezogen. Dieser ausgemergelte, zähe Mann ist es, der sie davor bewahrt, von „der unfruchtbaren Sehnsucht nach einem Phantom ausgefressen zu werden" (73). Jedoch muß gefragt werden, was Meternagel motiviert und was Rita so beeindruckt. Ist es nicht das menschliche Element, woran Rita sich hält, und weniger Meternagels ideologische Ausrichtung, gesellschaftliche Ideale und sozialistische Parteilinie? In der Tat sind es sein Gesicht, seine Augen, die sie in Stunden des Zweifels und der Verzweiflung vor sich sieht; diese Augen sind „das einzig Wirkliche, daran sie sich halten konnte“ (72).

Sicherlich verhilft Meternagel Rita dazu, das Problem der Diskrepanz zwischen Ideal und gesellschaftlicher Wirklichkeit zu akzeptieren und sich mit den Unzulänglichkeiten abzufinden. Meternagel gibt Rita Hoffnung und Glauben: „Vor ihren Augen hatte ein Mensch einen schweren Packen auf sich genommen, von niemandem gezwungen, nicht nach Lohn fragend, hatte einen Kampf begonnen, der fast aussichtslos schien.“ (73) Der kritische Leser hat jedoch Schwierigkeiten, Ritas Sicht über Meternagel ohne weiteres anzunehmen, denn er weiß, daß dieser den Vermerk „rückläufige Kaderentwicklung“ (57) hat, daß er den großen Aufgaben nicht gewachsen war, und man ihn deswegen als Meister in den Waggonbau versetzt hat. Nicht ohne Bitterkeit sieht Meternagel, „die Jüngeren auf seine Plätze rücken... während er sich mit unzulänglichen Kenntnissen verbissen abquälte“. Besonders die zweite Degradierung hat ihn hart getroffen, nachdem unter seiner Verantwortung für Arbeitsgänge, die es seit langem nicht mehr gab, Geld ausgezahlt worden war: „Er hatte sich übertölpeln lassen... und zwar von jenen Kollegen, mit denen er jetzt zusammenarbeitete und denen er einmal vertraut hatte.“ (58) Ist sein Einsatz aber wirklich so selbstlos in seiner Aufopferung für die Gemeinschaft, oder will er seinen Kollegen nur etwas beweisen? Ist es vielleicht gekränktes Gerechtigkeitsgefühl, verletzter Stolz oder ein Minderwertigkeitskomplex, der ihn treibt?

Mangel an Meternagels klarer Motivation ist ein Vorwurf der DDR-Kritik, der nicht ganz unberechtigt ist, besonders wenn man bedenkt, daß Meternagel, kaum fünfzig Jahre alt, am Ende des Romans gesundheitlich ruiniert ist. Seine Frau bestätigt, was der Leser schon lange vermutet, nämlich, daß es sich bei Meternagel um einen falschen Idealismus handelt, der im Sinne des sozialistischen Realismus keinesfalls als vorbildlich angesehen werden kann: „Er ist nicht wie andere Menschen... Ich habe ja mitangesehen, wie er sich kaputtgemacht hat. Andere haben sich einen Fernseher und einen Kühlschrank hingestellt und ihrer Frau eine Waschmaschine. Wissen Sie, was er mit seinem Geld macht? ... Er spart es. Er denkt, ich weiß nicht wofür. Aber ich weiß: Er will die dreitausend Mark zurückgeben, die er damals zuviel ausgezahlt hat. Er ist verrückt..." (197) Diese Aussage seiner Frau und besonders die Tatsache, daß er jene dreitausend Mark zurückzahlen will, bekräftigen eine Interpretation, die Meternagels zweimalige Degradierung, nicht ideologischen Idealismus, als seine Hauptantriebsfeder ansieht. Daß er dadurch seine eigene Familie vernachlässigt und sich selber gesundheitlich ruiniert, kann selbst Rita bei aller Verehrung nicht gutheißen. Dem sorgfältigen Leser entgeht es nicht, daß die Beschreibung von Frau Meternagel ein beißendes Urteil der Autorin über das Leben des Mannes enthält, der Rita Halt gegeben hatte und der, wie Rita nun sieht, nicht nur seine Kräfte, sondern auch die seiner Frau völlig erschöpft hat: „Die Frau ist neben dem Mann alt geworden... Er hat sie immer gezwungen, den Groschen umzudrehen... Auch die Frau wird er hinter sich hergezogen haben, er hat nie etwas darüber gesagt."

Bezeichnend ist, daß die Autorin gerade ganz zum Schluß des Romans einen Einblick in das persönliche Leben der Meternagelschen Familie erlaubt. Erst nach ihrer Trennung von Manfred kann sich Rita ein volles und realistisches Bild jenes Mannes formen, den sie verehrt hat, ein Bild, das sie erschüttert. Im Hinblick darauf deuten die beiden letzten Sätze des Romans (abgesehen von der äußeren Klammer) an, daß Rita die Gestalt, das Leben, den Arbeitseinsatz Meternagels neu bewertet: „Sie scheut sich, in sein erschöpftes Gesicht zu sehen. Sie zieht die Tür hinter sich zu." (198) Das Schließen der Tür scheint symbolisch auf einen Abschluß und eine Neubewertung hinzuweisen. Eine endgültige Deutung der Figur Meternagel bleibt damit offen und dem Leser überlassen.

Aus der Analyse der positiven Nebencharaktere wäre grundsätzlich zu schlußfolgern, daß Christa Wolf auf die Schilderung ideologischer Grundsätze und dogmatischer Parteilichkeit verzichtet. Sie werden als gegeben vorausgesetzt. Vielleicht glaubt sie, durch die Darstellung von Aufrichtigkeit und Loyalität im Arbeitsbereich und in zwischenmenschlichen Beziehungen überzeugender zu wirken. Jedenfalls heben sich jene Werte harsch gegen die der dogmatischen Thesenreiter ab, die sich aus Unsicherheit oder Angst Tarnkappen zulegen, wie Mangold (vgl. 124) oder Herr und Frau Herrfurth, die keinerlei Glauben und Prinzipien haben. Im Gegensatz zu ihnen ist ein Meternagel unbedingt ehrlich. Das muß man ihm trotz aller Schwächen zugestehen. Er lebt auf seine Art nach dem Grundsatz: „Normal ist, was uns nützt, was unsereinen zum Menschen macht. Unnormal ist, was uns zu Arschkriechern, Betrügern und Marschierern macht." (74) Indem die Autorin die Eigenschaften, die Rita an den positiven Figuren überzeugen, auf ehrliches Bemühen reduziert, vermeidet sie eine ideologische Schwarzweißmalerei. Daß es diese im Roman nicht gibt, stellt ein Novum in der DDR-Literatur jener Zeit dar. Jedoch wirken die positiven Figuren etwas flach und weniger plastisch als z.B. der problematische Manfred. Daß in der Kritik der DDR-Dogmatiker bei diesen Figuren mangelnde Parteilichkeit beanstandet und teilweise auch als ideologische Unsicherheit der Autorin ausgelegt wurde, ist besonders in Hinblick auf die angedeutete innere Problematik Meternagels nicht verwunderlich.

2.3.6 Problematische Partnerschaftsbeziehung: Manfred – Rita

Gleich bei der ersten Begegnung zwischen Manfred und Rita deutet Christa Wolf auf die grundsätzlich unterschiedliche Einstellung dieser beiden Sinn suchenden Menschen: „Die gleiche Sehnsucht trieb sie in ihr Dorf und ihn an die Chaussee, die zur Autobahn, und wenn man will, zu allen Straßen der Welt führte." (11) Ritas Orientierung ist auf das Heimische, Bekannte und Durchschaubare gerichtet, während Manfreds Sehnsucht über geographische Begrenzungen hinaus in die Weite der Welt schweift. Diesen an Klischeevorstellungen von Mann und Frau anklingenden Ansatzpunkt entwickelt die Autorin dann im Laufe der Erzählung zum wichtigsten Motiv in der allmählichen Auseinanderentwicklung der beiden Liebenden. Zu Anfang sind die trennenden Momente zurückgedrängt: „Die beiden Hälften der Erde paßten ganz genau ineinander, und auf der Nahtstelle der Erde spazierten sie, als wäre es nichts." (16) Der Abgrund, der ihre Liebe gefährdet, wird hier metaphorisch angedeutet. Sie sind zwar kurzfristig in der Lage, die ideologische Zweiteilung, die ihre vielleicht wichtigste Konkretisierung in der Teilung Deutschlands findet, zu überbrücken, jedoch warnt der Konjunktiv des Erzählers den Leser, daß dies eine Verharmlosung darstellt. Auf diese Weise wird das Liebesverhältnis mit dem historischen Faktum der Teilung Deutschlands in Verbindung gebracht.

Die metaphorische Umschreibung ihrer Gefährdung wird später weitergeführt und findet vorausdeutend vielleicht ihren stärksten Ausdruck in Manfreds Traum: „Ich habe geträumt, wir beide sitzen in einem kleinen Boot und schwimmen durch die Straßen einer Stadt. Es regnet und regnet. Die Straßen sind von Menschen leer, das Wasser steigt unaufhaltsam. Die Kirche, die Bäume, die Häuser versinken in der Flut. Nur wir beide schaukeln noch auf den Wellen; ganz allein in einem sehr zerbrechlichen Kahn." (80) Die Metapher des leichten Kahns bei steigender Flut versinnbildlicht die zeitgeschichtlichen Kräfte. Manfred und Rita sind ganz auf sich gestellt. Religion (Kirche), Natur (Bäume) und Familienbande (Häuser) werden von der Flut erfaßt und weggespült wie die Liebenden schließlich selber. „Neun Monate später war das Boot untergegangen. Sie standen an verschiedenen Ufern. Hatte niemand ihre Zeichen erwidert und ihre Not bemerkt?"

Auf das Hero-und-Leander-Motiv in diesem Traum hat Dieter Schlenstedt hingewiesen.[32] Seine Interpretation des steigenden Wassers als Sintflut ist jedoch nicht durch den Text belegbar. Das steigende Wasser als Flut der Zeitgeschichte, die das Schicksal der beiden Liebenden bestimmt, erscheint überzeugender, besonders da der Erzähler den Regen direkt auf die beiden Liebenden bezieht: „Über ihren Köpfen rauschte der Regen als sie längst schliefen." (81) Darüber hinaus darf der Leuchtturm-Symbolik eine zweite Funktion beigemessen werden. Indem Rita mit ihrer Liebe als Leuchtturm dienen will, scheint die Autorin auch der eigenen Hoffnung für ihr Werk Ausdruck geben zu wollen, daß das Schicksal der beiden als Beispiel leuchten und einleuchten möge: „‚So sieht jeder, der in Not ist, unseren Leuchtturm?' ‚Ja', sagte Rita, ‚Jeder sieht ihn, wenn er will.' ‚Und keiner wird mehr einsam untergehen?' ‚Nein', sagte sie, ‚keiner'." Damit wäre auch aus sozialistischer Sicht dem didaktischen Mandat für den Schriftsteller Rechnung getragen. Eine solche Interpretation würde natürlich betonen, daß Manfreds Boot zu weit abgetrieben und die Stadt durchaus nicht untergegangen sei (vgl. 80).

Am Anfang ihrer Liebe ist die Bedrohung der Liebesbeziehung keineswegs als notwendige Entwicklung ersichtlich. Im Gegenteil, Rita scheint es zu gelingen, Manfred mit ihrem ungetrübten Überschwang und ihrer Begeisterungsfähigkeit mitzureißen, eine

Entwicklung, die durch die Autofahrt in den Harz versinnbildlicht wird, als beide gemeinsam immer schneller in die Zukunft fahren, und zwar in eine hoffnungsvolle Zukunft, durch grüne Hügel in der Ferne symbolisiert. Diese Fahrt ist für Rita „Lebenshöhepunkt, Gipfel" (62). Mit dem gleich nach der Promotion gekauften Wagen, in dem der verkrampfte und ungeübte Manfred mißtrauisch und schwitzend am Steuer sitzt, „erfährt" er im wahrsten Sinne des Wortes eine Entkrampfung, eine Erlösung, mit der sich neben den erotischen Untertönen für Rita durchaus Hoffnungselemente verbinden. Manfred kann gelöst sein, d.h., er kann erlöst werden von seiner inneren Verkrampfung, und zwar durch sie, davon ist Rita in diesem Moment überzeugt: „Sie war ihm gewachsen." (63)

Vielleicht fühlte sie sich einfach zu sicher? Hatte sie daher nicht rechtzeitig die Gefahr gesehen (vgl. 81)? Der Erzähler nimmt Rita mit Erklärungsversuchen gegenüber dem Leser in Schutz, indem er ihm Einblicke in Manfreds Gedankenwelt erlaubt: „Versteht sie überhaupt, was damals los war? Sie war ja noch nicht einmal geboren... Komisch: irgendwo zwischen ihr und mir fängt die neue Generation an. Wie soll sie begreifen, daß man uns alle frühzeitig mit dieser tödlichen Gleichgültigkeit infiziert hat, die man so schwer wieder los wird?" (44) Christa Wolfs eigene Grunderfahrung in der Vergangenheitsbewältigung wird hier deutlich. Wie konnte Rita verstehen, daß man diese „tödliche Gleichgültigkeit" zwar zeitweise überwinden kann, wie bei jener Autofahrt, daß jedoch der einmal damit Infizierte allzu schnell wieder in seine alte Skepsis zurückfallen kann?

Die Unfähigkeit zur offenen Aussprache muß als Grundproblem zwischen den beiden Liebenden angesehen werden, was sich nicht allein durch den Altersunterschied zu einem grundlegenden Kommunikationsproblem ausweitet, sondern auch weil sie eben zwei verschiedenen Generationen angehören: der Kriegsgeneration und der Nachkriegsgeneration. Rita kann Manfreds Probleme nicht voll erfassen. Zwar spürt sie intuitiv, daß es Probleme gibt, aber sie behält „ihre Ratlosigkeit für sich" (47). Hinzu kommt, daß sie gerade in der Zeit ihre Eigenständigkeit im Denken entwickelt und der Erzähler eine gewisse „Störrigkeit" (61) in ihrer Denkweise zu erkennen glaubt, die darauf pocht, daß auch Manfred nicht an ihrer Liebe zweifelt.

Im ersten Jahr ihres gemeinsamen Lebens festigt sich ihre Liebe; das „Unvergängliche“ tritt immer schärfer zutage. Auch Manfred glaubt, dies zu erkennen: „Das ist kein schwankender Boden mehr, auf dem ich gehe... Zum ersten Mal betrete ich festes Land.“ Es scheint, als gelänge es Rita durch ihre Liebe, Manfred aus seiner „Schattenexistenz“ zu befreien. Allerdings betont der Erzähler im Zusammenhang mit der Analogie zu Eurydike, die Orpheus aus dem Schattenreich erlöst, daß es die gesellschaftliche und zeitgeschichtliche Wirklichkeit ist, die Orpheus (Manfred) wieder den „Gesetzen der wirklichen Dinge“ (64) unterwirft. Bis Ende ihres ersten Jahres sind die beiden Liebenden jedoch noch voll neuer Erwartung (vgl. 87).

Das zweite Jahr ihrer Liebe ist „ein Jahr unerbittlichster Prüfung“ (88), fügt der Erzähler noch klärend hinzu. Es ist das Jahr 1961, das Jahr des Mauerbaus. Die Ereignisse, die diesem Geschehen vorausgehen, die wachsende Zahl der Flüchtlinge, die wiederum Spannungen, Ängste und Engpässe in der Industrie hervorrufen (vgl. 2.3.1), haben einen direkten Einfluß auf das Verhältnis der beiden Liebenden zueinander. Die unterschiedliche Einstellung der beiden kristallisiert sich immer mehr heraus, ohne daß eine wirkliche Aussprache stattfindet. Beide sind nicht bereit oder wollen es vermeiden, die allmähliche Veränderung, die in Ritas Wesen stattfindet, offen zu diskutieren. Man möchte nicht daran rühren, und so entwickelt sich etwas Fremdes zwischen beiden, etwas, an dem das DU nicht teilhat: „Lange leugnete Manfred vor sich selbst, daß etwas in Ritas Wesen sich verändert... Manfred zögerte lange, dieser Veränderung auf den Grund zu gehen.“ (91) Auch Rita kann oft nicht schlafen, jedoch kommt es nicht zum erlösenden Gespräch: „‚Was hast du?‘ fragte er und streichelte ihr Haar. Sie schüttelte den Kopf und tat, als habe sie geschlafen. Sie wollte nicht reden. Sie wußte nicht, wie sie sich ausdrücken sollte und hatte das Gefühl, er wollte nicht wirklich wissen, was sie bedrückte.“ (92)

Das Kommunikationsproblem wird zum entscheidenden Faktor in dem allmählichen Auseinanderleben der beiden und findet schließlich in dem wortlosen Verschwinden, Manfreds Republikflucht, seinen Höhepunkt. Rita erkennt rückblickend, daß sie „anfingen, aneinander vorbeizureden“, und kann daraus nur selbstentschuldigend schließen: „Ich war seiner zu sicher geworden." (136) Kommunikation findet allmählich nur noch wortlos statt. Rita kann Manfreds Tarnkappe des Zynismus und der Hoffnungslosigkeit nicht akzeptieren. Ihre Einschätzung Manfreds wird realistischer, reifer und klarer und erlaubt ihr, „zu mustern, zu messen, zu beurteilen." Das bedeutet jedoch keineswegs das Ende ihrer Liebe, dessen glaubt sich der Erzähler ganz sicher, sondern „nur das Ende der Verzauberung". Dieser Moment, der kommt, nachdem Manfreds neue Maschine abgelehnt ist, läßt beide gleichzeitig „wie eine stumme Verständigung" erkennen, was sie trennt: „In seinen Augen las sie den Entschluß: Auf nichts mehr bauen, in nichts mehr Hoffnung setzen. Und er las in ihrem Blick die Erwiderung: Nie und nimmer erkenn ich das an." (112) Ritas Härte in der Erwiderung seines Blickes geschieht zu einer Zeit, da sie noch „keine Angst um sich und ihn" (135) hatte. Rita erkennt die Gefahr nicht, in der sich ihre Liebe befindet. Hinzu kommt, daß Manfred sie so mag, wie sie ist, denn diese Entwicklung ist ein Resultat ihrer Spontaneität, ihrer Begeisterungsfähigkeit und Eigenständigkeit im Denken. Zwar sagt er ihr, daß er Schwierigkeiten habe, mit ihr zu sprechen (vgl. 137), deutet aber gleichzeitig an, daß er sie nicht gern mit seinen Problemen belasten, geschweige denn ihr seine negative Sicht aufzwingen wolle: „Soll ich selbst kaputtmachen, was mir an dir am meisten gefällt?" (138) fragt er sie. Es ist dieser Satz, den Rita bei ihrem Nachdenken nicht vergessen kann.

In Manfred läßt der Erzähler eine gewisse Traurigkeit darüber durchblicken, daß er Rita nicht zu folgen vermag: „Er lächelte jetzt öfter über sie, wie Erwachsene über Kinder lächeln." Rita fragt sich rückblickend, ob Manfred damals schon insgeheim gewählt hatte und nur noch all seine Energie darauf richtete, „sie beide zugrunde zu richten?" (135) oder ob er doch recht hatte, wenn er immer sagte: „Heutzutage ist Liebe nicht möglich. Keine Freundschaft, keine Hoffnung auf Erfüllung. Lächerlich, gegen die Kräfte anzugehen, die zwischen uns und unseren Wünschen stehen." (88) Rita bleibt es unmöglich, voll zu verstehen, was Manfred meinte. Auch rückblickend schwankt sie zwischen beiden Möglichkeiten. Der Leser jedoch glaubt zu erkennen, daß es weder das eine noch das andere ist, was die beiden trennt. Vielmehr scheint eine Kombination von Faktoren eine wirkliche Aussprache zu verhindern, was schließlich zum Erlöschen echter

Kommunikation führt. Bei der weiterhin bestehenden Liebe der beiden bleibt es offen, ob das Trennende vielleicht nicht doch hätte überwunden werden können. Hätte Rita Manfred wirklich nicht der feste Punkt (vgl. 148) sein können, den er suchte? Aus dem Text ist eine Antwort nicht eindeutig ersichtlich, denn die Gründe, die eine Trennung aus rein persönlichen Faktoren unabwendbar machen würden, sind nicht absolut überzeugend gestaltet.

Dabei ist Christa Wolfs Intention durchaus klar. Sie will das Ende der Liebe auf Grund der Auseinanderentwicklung der beiden, oder besser auf Grund der ideologischen Entwicklung Ritas, als zwingend erscheinen lassen. Diese Auslegung wird durch Christa Wolf selbst bekräftigt, die während eines Interviews ausgesagt hat, daß sie beim Schreiben des Buches ernsthaft die Möglichkeit erwogen habe, die beiden Liebenden auseinandergehen zu lassen, ohne daß Manfred in den Westen geht.[33]

Durch das konjunktive In-der-Schwebe-Lassen der reflektierenden Rita und durch die ergänzenden Erwägungen des Erzählers erreicht die Autorin, daß der Leser immer wieder Denkanstöße bekommt, die ihn zur Neubewertung auffordern. Die Tatsache z.B., daß Rita erst zwei oder drei Wochen vor Manfreds Flucht einsieht, daß sie „gegen nichts gefeit“ (156) sind und darüber hinaus dieses Wissen wieder vergißt, läßt die Notwendigkeit einer Trennung aus persönlichen Gründen, unabhängig von dem politischen Faktum der zwei deutschen Staaten, als unwahrscheinlich erscheinen. So gesehen trifft Rita primär eine ideologisch motivierte Entscheidung für den neuen sozialistischen Staat. Grundsätzlich muß allerdings die Frage gestellt werden, was sie tun würde, wenn sie nach den reflektierenden Wochen im Sanatorium noch eine Wahl hätte, denn der Erzähler läßt keinen Zweifel daran, daß Rita erst im Sanatorium anfängt, ihre Handlungsweise rational zu verstehen. Vor ihrem „Unfall“ hat sie Manfreds Problematik, „dieses Noch-nicht und Nicht-mehr“ (114), keineswegs verstanden. Sie hat auf alles spontan, intuitiv und emotional reagiert, und ihre Handlungsweise wird im Romangefüge keinesfalls durch ideologische Denkprozesse untermauert, was auch von der DDR-Kritik erkannt und bemängelt wurde.

So spontan Rita auf Manfreds Einladung, ihm nach Westberlin zu folgen, reagiert, so spontan ist auch ihre Entscheidung, nicht bei ihm zu bleiben. Dabei ist zu bedenken, daß der eintägige Besuch in Westberlin an einem sehr heißen Tag und unter äußerst ungünstigen Vorzeichen stattfindet. Hinzu kommt, daß der schon vor Manfreds Flucht unterbrochene Kommunikationsfluß zwischen den beiden Liebenden während des kurzen Besuchs kaum wieder hätte angeknüpft werden können. Es ist daher durchaus denkbar, daß Rita während ihres Besuchs ihrer Gefühle einfach unsicher war und sie zurückkehrt, um Bedenkzeit zu gewinnen, also noch keine endgültige Entscheidung trifft, denn zu dem Zeitpunkt liegt ja kein Zwang dazu vor. Die Grenze ist noch offen, und es ist keineswegs vorauszusehen, daß kurz danach die Mauer gebaut wird, ein historisches Geschehen, das ihr dann die Entscheidungsmöglichkeit vorenthält. Die im Konjunktiv gehaltene Bemerkung des allwissenden Erzählers darüber, was Rita bei Manfreds Zurückbleiben in Westberlin durch den Kopf geht, muß keineswegs als endgültig angesehen werden: „Wenn ich mit ihm ginge, dachte Rita, schadete ich nicht nur mir selbst. Ich schadete auch ihm, und ihm am meisten." (181) Später, gegen Ende ihres Genesungsprozesses, gibt es Hinweise, daß Rita sich durchaus nicht klar ist, was sie tun würde, wenn sie noch die Wahl hätte. Jedenfalls bleibt sie Schwarzenbach die Antwort schuldig. Sie geht nicht direkt auf dessen Frage darüber ein und spricht stattdessen von Heimatgefühlen. Als Schwarzenbach dann vom „Sog einer großen geschichtlichen Bewegung" spricht, kann Rita nur lächeln, und der Kommentar des Erzählers – „Auch er" (181) – spricht für sich selbst, denn auch er kann ihren persönlichen Konflikt nicht nachvollziehen.

Wie ist Ritas Selbstmordversuch auf diesen Sachverhalt hin und im Bezug auf ihr Verhältnis zu Manfred zu werten? Tatsache ist, daß Rita ihn an dem Tage unternimmt, als eine Rückkehr zu Manfred in den Westen durch den Mauerbau blockiert wird, „wie sie sich verfolgt glaubte von dem furchtbar gleichgültigen Blick irgendeiner unausweichlichen Instanz" (189). Im Hinblick darauf erscheint jene Entscheidung in Westberlin durchaus noch mehr als ein Akt der Unentschiedenheit: „Sie schlief nicht, aber sie war auch nicht voll bei Bewußtsein", kommentiert der Erzähler, und „irgendeinen noch so unwichtigen Entschluß zu fassen, wäre jetzt über ihre Kraft gegangen" (188). Tatsächlich wäre es beinahe zu einem neuen Zueinanderfinden gekommen, wären die Umstände nur ein wenig günstiger gewesen. Besonders im Park, den Rita rückerinnernd jenen „elenden Park“ (182) nennt, hätte das Beständige, Ewige ihrer Liebe sich beinah über all die äußerlich hindernden Aspekte hinweggesetzt.

Man darf daher sagen, daß Rita ihrer Liebe und der Möglichkeit, permanent mit Manfred im Westen zu bleiben, bei dem Kurzbesuch in Westberlin kaum eine echte Chance eingeräumt hat. Ihre Rückfahrkarte zeugt von der inneren Zurückhaltung, mit der sie von vornherein diese Reise angetreten hat. Erst jetzt, drei Wochen danach, beginnt sie zu begreifen, was das Leben im Alltag ohne den Geliebten bedeutet: „Nicht vor der Trennung, vor der dumpfen Wiederkehr des Alltags wichen die großen Liebespaare der Dichter in den Tod.“ Dieser Moment ist durch „bleierne Nüchternheit“, nicht Idealismus bestimmt: „Der Kreis der Gewißheiten, früher unermeßlich weit, verengte sich auf schmerzliche Weise. Vorsichtig schritt sie ihn ab, immer neuer Einstürze gewärtig. Was hielt stand?“ (189)

Die Gründe, die ihr bisher noch Kraft gaben, das Gefühl der Verbundenheit mit der Heimat, den Menschen in der Arbeitswelt und sicherlich auch ein intuitives idealistisch motiviertes Gefühl der Verpflichtung gegenüber dem neuen sozialistischen Staat werden im Moment der Endgültigkeit der Trennung nüchtern in Frage gestellt. Beim „Anschlag auf sich selbst“ (190), dem letzten Fluchtversuch, wird ihr die „Einmaligkeit“ und „Zeitlosigkeit“ (vgl. 182) ihrer Liebe voll bewußt, die sie jetzt für immer verloren hat. Rita, die nie Angst hatte, sich selbst zu verlieren (vgl. 88), hat sie jetzt: „Nicht mehr aus verzweifelter Liebe, sondern aus Verzweiflung darüber, daß Liebe vergänglich ist wie alles und jedes.“ (190) Beim ersten Lesen scheint jener Kommentar des Erzählers zu bedeuten, daß die Liebe in ihr nicht mehr lebendig ist. Im Kontext jedoch wird die Intention des Erzählers klar – nicht die Liebe ist vergangen, sie besteht weiterhin, sondern die Möglichkeit der Verwirklichung ihrer Liebe ist durch die geschichtlichen Ereignisse zerstört, durch die Kräfte einer „unausweichlichen Instanz“ (189), symbolisiert durch die „unaufhaltsam, ruhig, sicher“ heranrollenden Wagen, wobei Rita fühlt: „Die zielen genau auf mich.“ (190)

Während ihres Sanatoriumaufenthaltes lernt Rita zu verstehen, aber die Wunde in ihr wird nicht wirklich geheilt; sie lernt nur, damit zu leben: „Sie nimmt sich in die Hand und lernt, schneller gesund zu werden durch genaues Denken. Sie lernt auch, die Berührung der Wunde zu vermeiden – auch das." (120) Ihr Genesungsprozeß ist also keine echte Heilung. Die Autorin läßt durchblicken, daß die menschliche Bindung einer einmaligen Liebe durch keine anderen Werte ideologischer Art aufgehoben werden kann. Daß diese Erkenntnis Ritas zu spät kommt, führt zu echter menschlicher Tragik. Für Rita und Manfred war diese Liebe einmalig, und es sind keine leeren Worte, wenn er ihr sagt: „Dich lieb ich, keine andere, und für immer." (179) Beide sind voneinander abgeschnitten und müssen mit einem unersetzlichen Verlust leben. Denn auch Manfred, der ja keine Zweifel hatte, daß sie ihm folgen würde, ist eine Rückkehr aus politischen und persönlichen Gründen nicht möglich. Der Epilog des Buches deutet auf ein resigniertes Akzeptieren, auf Trauer, auf Menschen hin, die eine Wunde fürs Leben erlitten haben.

2.3.7
Der geteilte Himmel?

Bei der Bewertung von Christa Wolfs Werken, und das gilt besonders für *Der geteilte Himmel*, muß der Leser sich ständig vergegenwärtigen, daß nicht alles gesagt werden kann, wenn eine Chance zur Veröffentlichung bestehen soll. Christa Wolf weist den Leser gegen Ende des Romans selber indirekt darauf hin, und zwar in Ritas Gespräch mit dem Parteifunktionär Schwarzenbach, der hier gewissermaßen als Sprachrohr der Autorin anzusehen ist: „Jawohl, wir haben eine besondere Lage. Zum erstenmal sind wir reif, der Wahrheit ins Gesicht zu sehen. Das Schwere nicht in leicht umdeuten, das Dunkle nicht in hell. Vertrauen nicht mißbrauchen. Es ist das Kostbarste, was wir uns erworben haben. Taktik – gewiß. Aber doch nur Taktik, die zur Wahrheit hinführt." (185) Tatsächlich benutzt Christa Wolf, insoweit es erforderlich ist, die Taktik der Vieldeutigkeit, der poetischen Umschreibung, der „Leerstellen"[34], nicht nur, um den Leser immer wieder zum Mitdenken aufzurufen, an ihn zu appellieren, selbst Entscheidungen zu treffen, sondern um eine Vielfältigkeit der Interpretation möglich zu machen. Dadurch möchte die Autorin erreichen – und man darf sagen, es gelingt ihr –, daß ihr Werk in Ost und West reizvoll und lesbar wird und vor allem aber in ihrem eigenen Staat publiziert werden kann. Man darf annehmen, daß Christa Wolf absichtlich verschiedene Interpretationsmöglichkeiten in ihren Roman einfließen läßt. Dogmatische Kritiker können so durch Gegenargumente wohlgesonnener Kritiker neutralisiert werden, denn die Autorin ist stets darum bemüht, daß trotz aller offensichtlichen Kritik an den bestehenden Zuständen immer genug Hinweise und Interpretationsmöglichkeiten vorhanden sind, die an ihrer grundsätzlich sozialistischen Einstellung keinen Zweifel lassen oder es jedenfalls gestatten, eine überzeugende positive Polemik für sie zu gestalten.

Vertrauen nicht mißbrauchen ist das Kostbarste, was die Autorin als Marxistin nicht nur für die Partei geltend machen möchte, sondern auch für sich als Dichterin. Um diesem Prinzip treu zu bleiben, ist manchmal „Taktik, die zur Wahrheit hinführt" (185), notwendig. Für die ganze Wahrheit ist die Zeit noch nicht reif. Rita kann nur erschrocken abwinken, als Schwarzenbach ihr sagt: „Die reine, nackte Wahrheit, und nur sie, ist auf die Dauer der Schlüssel zum Menschen. Warum sollen wir unseren entscheidenden Vorteil freiwillig aus der Hand legen?" Wie in Ritas Reaktion scheint Christa Wolf auch dem Leser warnend zurufen zu wollen: „‚Nicht doch... Sie legen zuviel in meinen Bericht hinein.'" (186)

Vorsicht ist also geboten bei der Auslegung der politisch-gesellschaftlichen Absicht des Werkes. Dabei soll in keiner Weise in Abrede gestellt werden, daß es sich in *Der geteilte Himmel* um ein Bekenntnis der Autorin zur DDR handelt. Ebenso unumgänglich jedoch steht fest, daß es einen Versuch darstellt, mittels einer anspruchsvollen, komplizierten Struktur zur Wahrheit hinzuführen und negative Aspekte nicht umzudeuten und zu beschönigen. Allerdings erscheinen derartige Aussagen stets in poetischer Verkleidung, wobei manche Frage aufgeworfen wird, deren Antwort dem Leser überlassen bleibt.

In bezug auf die Teilung Deutschlands erscheint eine Deutung von westlicher Seite, die Christa Wolf als „Apologetin des Mauerbaus" sehen will, als Autorin, die mit Ritas Entschluß auch die Entscheidung ihres Staates für den Mauerbau rechtfertigen will[35], genausowenig überzeugend wie etwa die östliche Interpretation von Günter Dahlke, der meint, daß es Christa Wolf gelingt, „anhand dieses tragischen Falles nachzuweisen, daß Ritas politische

Entscheidung für die DDR, die dem Anschein nach gewissen nationalen und menschlichen Interessen widerspricht, eine zutiefst nationale und humanistische Entscheidung ist“[36]. Objektiver, ausgewogener und der Intention der Autorin entsprechender erscheint Christine Cosentinos Auslegung, die klar sieht, daß die deutsche Spaltung eben nicht „nach ihren politischen Motiven untersucht, sondern als menschlich tragische Tatsache hingenommen“[37] wird.

Betrachten wir also aus dieser Sicht zusammenfassend und immer unter Berücksichtigung von Christa Wolfs eigener politischer Lage die Bedeutung der Teilung Deutschlands für den Roman. Andeutungen über die Präokkupation der DDR-Bevölkerung mit diesem Faktum ziehen sich durch die ganze Erzählung. Während der Harzfahrt z. B. wird die Reaktion auf die „merkwürdigste der Merkwürdigkeiten“ in jener sauberen bunten Stadt am Nordhang des Harzes geschildert. „Das Wetter war klar. Alle Leute auf dem Turm drängten sich in der nordwestlichen Ecke zusammen und starrten auf die ferne, im Dunst verschwimmende Andeutung einer westdeutschen Stadt wie auf eine Fata Morgana. Aus irgendeinem Grund, aus sehr verschiedenen Gründen, schwiegen sie alle.“ (65) Westdeutschland als Fata Morgana ist sicherlich ironisch gemeint, aber jede Ironie enthält auch einen Teil Wahrheit, und das Schweigen der Leute, das Fehlen einer Reaktion, deutet auf Betroffenheit und Trauer hin, eine Wunde, die man lieber nicht anrührt.

Konkret hat die Anziehungskraft Westdeutschlands wegen seiner starken Wirtschaft natürlich auch die Wirkung, daß immer mehr Menschen „abhauen“, vom Fabrikdirektor bis zum Arbeiter. Bezeichnenderweise wird dieses Phänomen der „Republikflucht“ im Roman durch Frau Herrfurth geschildert: „Unheimliche Dinge geschahen; die Flucht guter Bekannter von früher wurde immer häufiger... Das Volk, sagte Frau Herrfurth, das Volk denke: So kann es nicht weitergehen!“ (123) Dies ist eine der wenigen Aussagen, wo die Autorin die wirtschaftliche Notwendigkeit des Mauerbaus aus der Sicht der DDR andeutet. Für das Liebespaar hat der Mauerbau dagegen eine ähnliche Bedeutung wie das antike Schicksal, denn er bricht über sie herein und nimmt ihnen jegliche Entscheidung. Warum bemüht sich Manfred nicht, Rita für ein Bleiben im Westen zu überzeugen? Weil er weiß, daß dieser Entschluß von ihr kommen muß, und er glaubt, daß die Möglichkeit für Rita auch weiterhin besteht. Ritas Reaktion auf den Westen ist aus ihrer Erziehung verständlich. Die kommerzielle Orientierung im Westen muß bei ihr einen Schock auslösen und ihre bestehenden Vorstellungen bestärken. Das Negative muß zuerst auffallen, und sie muß das, was sie ihr ganzes Leben an Negativem gehört hat, bestätigt sehen: „Was tat man in seinen traumhaft schönen Wohnungen? Wohin fuhr man in diesen straßenbreiten Wagen? Und woran dachte man in dieser Stadt, ehe man einschlief bei Nacht?" (173)

Gleichzeitig jedoch ist sie keinesfalls immun gegen die Reize des anderen Deutschlands: „Hör bloß mal ein paar Namen: Schwarzwald, Rhein, Bodensee. Sagt dir das nichts? Ist das nicht auch Deutschland?" Hier spricht die Autorin das an, was vielleicht als schwerste Belastung des DDR-Bürgers angesehen werden muß: die Unmöglichkeit, als Deutscher das eigene Land zu bereisen. Auch Rita hat dieses Verlangen in sich und ist voller Bitterkeit, wenn sie daran denkt: „Ach, die Sehnsucht nach allen Orten, an denen er von jetzt an sein würde, nach all den unerreichbaren Landschaften und Gesichtern..." Ihre Frage, in innerer Monologform, darf durchaus als Frage der Autorin angesehen werden, denn sie erfaßt wie keine andere den Grundton des Buches: „Wer auf der Welt hatte das Recht, einen Menschen – und sei es einen einzigen! – vor solche Wahl zu stellen...?" (179)

Bedauern, Trauer und Bitterkeit über das Schicksal der Liebenden und darüber hinaus über das Deutschlands ist die Grundeinstellung der Autorin zur Teilung des Heimatlandes. Aus dieser ganz in den menschlichen Bereich gerückten Perspektive werden politisch-ideologische Momente im Leben der direkt Betroffenen in Zweifel gezogen: „Ist die Welt überhaupt mit unserem Maß zu messen? Mit Gut und Böse? Ist sie nicht einfach da – weiter nichts?" (184) Rita geht hier in Gedanken weiter, als sie gegenüber Schwarzenbach in Worte zu fassen wagt. Der allwissende Erzähler erlaubt dem Leser einen weiteren Einblick in Ritas Gedankenwelt und weist auf Schlußfolgerungen hin, die sich aus ihren grundsätzlichen Zweifeln ergeben: „Und dann wäre es ganz sinnlos, daß ich nicht bei ihm geblieben bin. Dann wäre jedes Opfer sinnlos. Wie er gesagt hat: Das Spiel bleibt doch immer das gleiche. Die Regeln ändern sich. Und über allem das Lächeln der

Auguren..." (184f.) Rita ist sich nicht sicher, ob sie das Richtige getan hat. Ihr Weltbild und ihre Person haben einen Riß erlitten, und der Ton der Traurigkeit, der unheilbaren Wunde und des resignierten Akzeptierens klingt bis auf die letzte Zeile des Romans mit: „... als gäbe es übergenug von diesem seltsamen Stoff Leben. Als könnte er nie zu Ende gehen." (199)

Dieser letzte Satz enthält implizit eine Frage und stellt ein offenes Ende dar: Wie ist die Fragestellung des Romans auf die Endlichkeit der individuellen Existenz zu werten? Welchen Stellenwert nimmt die individuelle Selbstverwirklichung durch die Liebesbeziehung im Vergleich zu gesellschaftlichen Aufgaben ein? Die Autorin überläßt es dem Leser, und besonders dem Leser in der DDR, eine Antwort auf die Grundfragen ihrer Erzählung zu geben: Wo liegt der essentielle Bereich des Individuums, beim Einzelnen oder im Allgemeinen? Beim Individuum oder im Kollektiv? Ist eine individuelle Aufopferung á la Meternagel, mit dem und mit dessen Familienleben der Roman bezeichnenderweise schließt, wirklich zu befürworten? Darüber hinaus stellt sich dem Leser die Frage nach dem Sinn materieller Dinge, deren Vorhandensein im Westen die oft kritisierte „sinnlose" Konsumgesellschaft ausmacht. Auch die Bewertung dieser Problemstellung in Hinblick auf Ritas Entscheidung bleibt dem Leser überlassen.

2.3.8 Rezeption

Kaum ein DDR-Prosawerk der frühen sechziger Jahre hat eine so große Resonanz in Ost und West gefunden wie Christa Wolfs *Der geteilte Himmel.* Die Diskussion, besonders in der DDR, war so intensiv, vielfältig und gegensätzlich, daß der Mitteldeutsche Verlag in Halle schon 1965 eigens den bereits zitierten Sonderband mit einigen der wichtigeren Rezensionen, hauptsächlich aus der DDR, herausbrachte[38]. Gleich im Vorwort spricht der Herausgeber Martin Reso von der Fülle der „widerspruchsvollen Meinungsäußerungen", betont aber gleichzeitig, daß es wenige Werke der DDR-Literatur gäbe, „die so einhellig begrüßt und bejaht worden sind, wie *Der geteilte Himmel,* die im Westen so aufmerksam beachtet und als Zeugnis kommunistischer Naivität für besonders gefährlich angesehen werden"[39]. Die Reso-Sammlung stellt einen Versuch dar, Christa Wolfs Roman so positiv wie möglich zu bewerten, d.h. fast alle Aufsätze sind, trotz teilweise scharfer Kritik, durch das Bemühen gekennzeichnet, ihn nicht völlig zu verurteilen. Allerdings kommen die meisten Kritiker nicht umhin, auf die Schwächen – aus der Sicht des sozialistischen Realismus – zu verweisen. Besonders die Gestaltung der Deutschlandfrage wird angegriffen: „Überall schimmert der Gedanke durch, den die Autorin in einer Fernsehsendung nach Erscheinen des Buches äußerte: sie habe auf das Unglück hinweisen wollen, das durch die Spaltung in Deutschland besteht.“[40] Darüber hinaus bestreiten die gleichen Autoren mit heftigen Worten, daß *Der geteilte Himmel* das Lebensgefühl der DDR insgesamt darstelle, und sie bezweifeln, daß „die Konzeption auf der weltanschaulichen Höhe unserer Tage“[41] sei. Irma Schmidt greift in ihrem Beitrag ähnliche Bedenken auf und schreibt z.B.: „Dieses Buch, das einen oft ebenso unbehaglich stimmt wie ergreift, veranlaßt einen beim Lesen ständig zu der Frage: Warum erweist sich eigentlich niemand diesem Zyniker und Individualisten Manfred Herrfurth gewachsen? Warum versucht niemand, ihm die Meinung zu sagen und ihm auf den richtigen Weg zu helfen?“[42] Auch wird gerügt, daß nicht klarer herausgestellt wird, daß „wirkliches persönliches Glück nur in der sozialistischen Menschengemeinschaft wachsen kann“[43]. Irma Schmidts Erklärung, daß bei dieser Erzählung letzten Endes die „Spaltung Deutschlands und nicht das Wiedererstehen des deutschen Imperialismus ein Unglück“[44] darstelle, regte Günther Dahlke an, 1964 in *Sinn und Form*[45] und nochmals 1969 in einer erweiterten Fassung[46] die vielleicht interessantesten Aufsätze der DDR-Kritik zu schreiben, allerdings mit der politisch motivierten und für die DDR-Kritik erforderlichen Überbaurhetorik, denn Dahlke geht es um eine Rechtfertigung des Romans und seiner Autorin aus der Sicht der DDR und der DDR-Literaturtheorie. Dahlke akzeptiert die Teilung Deutschlands als Unglück und gleichzeitig das Verlangen nach einem geeinten Deutschland unter der DDR-Bevölkerung, betont aber als Glück für beide Teile Deutschlands, daß die DDR existiert und daß Christa Wolf die Gestaltung beider Aspekte „dialektisch“ gelungen sei: „Rita muß in den entscheidenden Momenten des Abschieds von Manfred erkennen, daß sowohl ihre Sehnsucht nach Liebe als auch ihre Sehnsucht nach einem einheitlichen Deutschland zu einer unfruchtbaren Sehnsucht nach einem Phantom wird, wenn sie einen zu hohen Preis bezahlt. Sie müßte sich verleugnen, bliebe sie bei Manfred, sie müßte die DDR verleugnen, bliebe sie in Westberlin. Und der Leser kann sich mit Christa Wolfs Heldin heraufringen zu gleichen oder ähnlichen Erkenntnissen."[47]

Derartige Bewertungen erlaubten es dem Richterkollegium in der Sektion Dichtkunst und Sprachpflege der Deutschen Akademie der Künste, die politischen Zweifel zu überwinden und, unter Betonung der künstlerischen Qualität, Christa Wolf den bedeutendsten Literaturpreis der DDR, den mit 10 000 Mark dotierten Heinrich-Mann-Preis, zuzuerkennen. In der Begründung der Zuteilung betont Alfred Kurella[48], wie wirkungsvoll die Mission der sozialistischen Kunst in *Der geteilte Himmel* gestaltet sei und welchen Beitrag Christa Wolf mit diesem Buch „zur Bereicherung der Kunst des sozialistischen Realismus"[49] geliefert habe. Es wird klar, daß man mit dieser Preisverleihung die talentierte Autorin als vielversprechende DDR-Schriftstellerin fördern wollte und beflissen gewisse „Mängel und Schwächen" mit in Kauf nahm, nicht zuletzt, weil der Roman gerade auch in Westdeutschland großen Widerhall hervorgerufen hatte.

Tatsächlich mag die große, jedoch meist oberflächliche Reaktion der westdeutschen Presse durchaus dazu beigetragen haben, daß der Roman trotz aller Bedenken in der DDR akzeptiert wurde. Kommentare wie in der *Stuttgarter Zeitung*, die den Roman als „zweckgebundene Mauerliteratur"[50] abstempelten, müssen so gewertet werden. Vor allem aber auch klügere Einsichten, wie z.B. die Wolfgang Werths, der richtig erkennt, daß *Der geteilte Himmel* „beinahe programmatisch zu Beginn einer sowjetzonalen ‚Nationalliteratur' steht und der Sowjetzone zu ihrer bisher fehlenden geistigen Souveränität verholfen habe"[51], muß den Kritikern Christa Wolfs in der DDR zu denken gegeben und mit dazu beigetragen haben, zu ihren Gunsten zu entscheiden. Die Erfüllung der Hoffnung auf „Größeres noch zu Leistendes", der Kurella in der Preisbegründung Ausdruck verliehen hat,[52] sollte allerdings fünf Jahre auf sich warten lassen. Auch sollte das Erscheinen von Christa Wolfs *Nachdenken über Christa T.* (1968) für jene Kritiker eine mindestens ebenso schwierige Aufgabe bringen wie die Beurteilung von *Der geteilte Himmel*.

3
Nachdenken über Christa T.

3.1
Entstehung des Romans

Fünf Jahre ließ Christa Wolf auf sich warten, bis das künstlerisch vielleicht gelungenste ihrer größeren Prosawerke 1968 im Mitteldeutschen Verlag Halle debütierte. Die Veröffentlichung von *Der geteilte Himmel* hatte Furore in der DDR-Literaturkritik gemacht. Das Erscheinen von *Nachdenken über Christa T.* stellte selbst für die ihr wohlgesinnten Literaturfunktionäre ein schier unüberwindbares Problem dar: Wie sollte man, selbst bei allem guten Willen, dieses Werk im Hinblick auf die Richtlinien des sozialistischen Realismus positiv bewerten? Keines seiner wichtigsten Kriterien ließ sich ohne weiteres darauf anwenden. Im Gegenteil, nur allzuleicht war die Nichtanwendbarkeit oder das Nicht-zu-Erkennen der erwünschten Kriterien, wie z. B. Vorbildlichkeit, positiver Held, Volkstümlichkeit, Verständlichkeit oder Parteilichkeit zu konstatieren. So ist es nicht verwunderlich, daß sich Druck und Auslieferung des schon 1967 abgeschlossenen Romans[53] hinauszögerten. Auch kamen die Exemplare der Erstauflage nur teilweise in der DDR heraus; es besteht Grund zur Annahme, daß der Verlag schließlich den größten Teil der Originalausgabe in den Westen verkauft hat.[54] Max Walter Schulz, Direktor der Johannes R. Becher Schriftstellerschule in Leipzig, faßte die Kritik und Konsternierung der führenden SED-Funktionäre auf dem sechsten Deutschen Schriftstellerkongreß (1969) wie folgt zusammen: „Wie auch immer parteilich die subjektiv ehrliche Absicht des Buches gemeint sein mag, so wie die Geschichte nun einmal erzählt ist, ist sie angetan, unser Lebensbewußtsein zu erschüttern, ein gebrochenes Verhältnis zum Hier und Heute und Morgen zu erzeugen. – Wem nützt das?“[55]

Christa Wolf selber war sich der Problematik ihres neuen Werkes durchaus bewußt. Sie war sich klar darüber, daß sie mit diesem Werk an die Grenzen dessen gegangen war, was von den damaligen Kulturfunktionären zu verkraften war, selbst wenn es sich um das Werk einer Heinrich-Mann-Preisträgerin handelte. Daher hat sie 1968, nachdem das Erscheinen des Romans durch die Zensur schon ein Jahr in Frage gestellt worden war und sie sich aus den ersten kritischen Äußerungen „die Richtung der öffentlichen Kritik vorstellen“[56] konnte, versucht, sich mit dem, was man von ihr als Schriftstellerin erwartete, und dem, was sie mit ihrem Roman intendiert hatte, in den zwei wichtigen Essays *Selbstinterview* und *Lesen und Schreiben* auseinanderzusetzen. Dabei betont sie besonders die Notwendigkeit einer neuen Prosa, die in der Lage ist, den modernen Leser zu ergreifen und durch die Lektüre seines Buches zu „verändern“[57]. Ferner gibt sie der Überzeugung Ausdruck, daß dieses Ziel nicht erreicht werden kann, wenn der Prosaschreiber sich an Themenkreise, wie sie z. B. in den Bitterfelder Konferenzen[58] proklamiert worden waren, oder an theoretische Richtlinien, wie die des sozialistischen Realismus, gebunden fühlt: „Das heißt, die Prosa kann sich nur mit gedanklichen Strömungen und gesellschaftlichen Bewegungen verbinden, die der Menschheit eine Zukunft geben, die frei sind von den jahrhundertealten und den brandneuen Zauberformeln der Manipulierung und selbst das Experiment nicht scheuen.“[59]

Ihr Werk *Nachdenken über Christa T.* möchte Christa Wolf als ein solches Experiment gewertet wissen, als den Versuch einer zukunftsweisenden, dialektischen Prosa und keinesfalls als einen Rückzug in die Innerlichkeit oder eine Flucht ins Privatleben. Vielmehr glaubt die Autorin, daß ihre Gesellschaft Anfang der sechziger Jahre die schwierigsten Entwicklungsphasen hinter sich hat und damit auch Themenkreise, die bisher als Tabu galten, nicht nur angesprochen werden können, sondern angesprochen werden müssen, wenn Prosa weiterhin von echter Bedeutung sein soll. Wenn eine Erneuerung und Weiterentwicklung der Prosa als Genreform stattfinden soll, muß die Rolle des Individuums in der Gesellschaft angesprochen werden: „Die absurde Meinung, die sozialistische Literatur könne sich nicht mit den feinen Nuancen des Gefühlslebens, mit den individuellen Unterschieden der Charaktere befassen; sie sei darauf angewiesen, Typen zu schaffen, die sich in vorgegebenen soziologischen Bahnen bewegen: diese absurde Meinung wird niemand mehr vorbringen. Die Jahre, da wir die realen Grundlagen für die Selbstverwirklichung des Individuums legten, sozialistische Produktionsverhältnisse schafften, liegen hinter uns. Unsere Gesellschaft wird immer differenzierter. Differenzierter werden auch die Fragen, die ihre Mitglieder ihr stellen – auch in Form der Kunst. Entwickelter wird die Aufnahmebereitschaft vieler Menschen für differenzierte Antworten."[60]

Christa Wolf glaubt also, daß die Gesellschaft und ihre Leser – und es sei darauf verwiesen, daß sie den DDR-Leser als Primäradressat ansieht – ganz andere Problemkreise in der Kunst erörtert haben möchten, als dies noch Anfang der sechziger Jahre der Fall war. Nicht mehr Probleme, die sich aus der Teilung Deutschlands oder aus der wirtschaftlichen Produktion ergeben, sondern die sich mit der Selbstverwirklichung des Menschen, des Individuums in der kollektiven Gesellschaft befassen, müssen nun in den Vordergrund rücken. Wie mit *Der geteilte Himmel* und dem 1976 erschienenen Roman *Kindheitsmuster*, der die Aufarbeitung und Bewältigung jüngster deutscher und auch DDR-Vergangenheit beinhaltet, war Christa Wolf auch mit *Nachdenken über Christa T.* ihrer Zeit voraus. Erst mit Ablösung Ulbrichts durch Erich Honecker und der Anfang der siebziger Jahre eintretenden Entspannung zwischen Ost und West sowie der damit verbundenen Liberalisierung des Kulturbetriebes wurde eine breitgestreute Verbreitung des Buches in der DDR möglich. Daß der Roman im Westen ein Erfolg wurde und als künstlerisches Ereignis gepriesen[61] wurde, ist sicherlich auch nicht unbedeutend für das Akzeptieren des Werkes durch die Kulturfunktionäre der DDR.

3.2 Struktur

3.2.1 Verschmelzung von Realität und Fiktion

Die schon in *Der geteilte Himmel* angewandte analytische Struktur des Rückblickens und Analysierens wird in *Nachdenken über Christa T.* in noch komplexerer Weise als Grundstruktur der Erzählung benutzt. Ausgangspunkt ist der Tod einer Freundin der Ich-Erzählerin, welcher dazu anregt, über sie nachzudenken. In einer kurzen Vorbemerkung zum Roman erklärt Christa Wolf dem Leser, daß Christa T. eine literarische Figur sei, authentisch seien jedoch Zitate aus Tagebüchern, Skizzen und Briefen. Und da beginnt auch schon die Schwierigkeit. Um wessen Zitate handelt es sich? Hat es Christa T. wirklich gegeben? Hans Mayer glaubt sich zu erinnern, daß es tatsächlich eine Freundin von Christa Wolf mit ähnlichem Lebenslauf wie im Roman gegeben hat, als er noch als Professor in Leipzig fungierte.[62] Ihr Essay *Selbstinterview* scheint das zu bestätigen: „Ein Mensch, der mir nahe war, starb, zu früh. Ich wehre mich gegen diesen Tod. Ich suche nach einem Mittel, mich wirksam wehren zu können. Ich schreibe, suchend. Es ergibt sich, daß ich eben dieses Suchen festhalten muß, so ehrlich wie möglich, so genau wie möglich."[63] Es ist also anzunehmen, daß es tatsächlich eine reale Person gegeben hat, die Christa Wolf als Vorbild diente, obwohl es nicht klar ist, ob Christa Wolf im Essay selber spricht oder die Ich-Erzählerin, wie es Christa Thomassen in der bisher umfassendsten Interpretation des Romans als Möglichkeit aufzeichnet.[64]

Der Leser bleibt also im Unklaren über die reale oder fiktive Existenz Christa T.'s, und die Autorin erreicht schon hier jenen Schwebezustand, der so charakteristisch für ihr Buch ist und der seinen besonderen Reiz ausmacht – eben auch weil der Leser stets neu zum „Nachdenken" über Christa T. angeregt wird. Uwe Johnson läßt in einem Kommentar bei einer ähnlichen Ausgangsposition seines Romans *Mutmaßungen über Jakob* keinen Zweifel, daß es sich bei seiner Hauptfigur um eine rein fiktive handelt: „Und ich versuchte, mir klarzumachen, daß der Held Jakob tot ist, wenn der Erzähler anfängt."[65] Christa Wolf dagegen überträgt den Schwebezustand zwischen realem Lebensmaterial und Kunstfigur sogar auf ihren Essay und entzieht sich so einem definitiven Deutungsversuch. Erreicht wird durch diese Ambivalenz, daß der Leser im Laufe des Romans immer wieder daraufhin verwiesen wird, wie sehr trotz aller Fiktion das Geschehen in der Realität, dem gesellschaftlichen Leben der DDR verankert ist.

Das Einstreuen in Kursivschrift von dokumentarischem Material, Tagebüchern, Briefen und Skizzen aus Christa T.'s Hinterlassenschaft, die der Erzählerin zur Verfügung steht, trägt zu dem Gefühl der Authentizität, dem gleichsam Aus-dem-Leben-Gegriffenen und somit der Faszination bei, die der Roman ausübt. Allerdings wird keinesfalls in Frage gestellt, daß es sich um ein fiktionales Werk handelt: „Das Material habe ich souverän behandelt. Die Erinnerung habe ich durch Erfindung ergänzt. Auf dokumentarische Treue habe ich keinen Wert gelegt."[66]

3.2.2
Verhältnis von Autor – Erzähler – Romanfigur

Die beiden Hauptfiguren, Christa T. und die Ich-Erzählerin, müssen also letzten Endes als Kunstfiguren angesehen werden. Hinzu kommt ein starkes autobiographisches Element, welches den dialektischen Spannungsbogen zwischen beiden Hauptfiguren ausmacht: „Später merkte ich, daß das Objekt meiner Erzählung gar nicht so eindeutig sie, Christa T., war oder blieb. Ich stand auf einmal mir selbst gegenüber, das hatte ich nicht vorhergesehen. Die Beziehungen zwischen ‚uns' – der Christa T. und dem Ich-Erzähler – rückten ganz von selbst in den Mittelpunkt..."[67] Obwohl es auch in diesem Essayzitat scheint, als ob Christa Wolf ihre Ich-Erzählerin sprechen läßt, wird im Gesamtkontext klar, daß sich der Satz „Ich stand auf einmal mir selbst gegenüber" durchaus auch auf die Autorin bezieht. Die Autorin ist daher unmißverständlich in das dialektische Spannungsfeld der beiden Kunstfiguren miteinbezogen (vgl. 1), wie Christa Wolf in *Lesen und Schreiben* betont.

Halten wir also fest: Die autobiographische Dimension des Romans liegt primär im Spannungsfeld der beiden Hauptfiguren, im Verhältnis von Christa T. und der Ich-Erzählerin. Beide sind als fiktionale Gestalten zu betrachten, trotz der möglichen historischen Authentizität der einen und der autobiographischen Dimension im dialektischen Spannungsfeld beider. Ihr Verhältnis zueinander und zum Leser wandelt sich im Laufe des Romans. Zu Anfang wird die Aufmerksamkeit des Lesers auf Christa T.'s Persönlichkeit und Leben gelenkt, die nur noch in der Erinnerung derer lebt, die sie kannten. Dazu wäre zu betonen, daß das, was die Ich-Erzählerin als ihre Erinnerung niederschreibt und dem Leser präsentiert, keinesfalls mit dem realen Erinnerungsgut der Autorin übereinstimmen muß, obwohl natürlich in Hinblick auf den autobiographischen Charakter des Werkes eine gewisse Übereinstimmung angenommen werden darf. Grundsätzlich wäre jedoch zwischen beiden zu unterscheiden. Aussagen der Ich-Erzählerin dürfen also nicht ohne weiteres als Aussagen und Überzeugungen der Autorin angesehen werden.

Das Verhältnis von Ich-Erzählerin und Autorin ist in außerliterarischen Aussagen, wie in dem Essay *Selbstinterview* ambivalent und bleibt auch im Werk selbst in der Schwebe. Darin stimmen wir mit Christa Thomassen überein.[68] Hinzu kommt, daß beide von Christa T.'s Tod betroffen sind, was den Schreibprozeß auslöst, der wiederum selbst Erzählgegenstand wird (vgl. 3.3.7). Auch daß die Erzählerfigur im Roman relativ konturlos bleibt, wenig konkrete Aussagen über sie gemacht werden und sie hauptsächlich in ihrer Beziehung zu Christa T. fungiert, unterstützt eine These der partiellen Identität von Autorin und Ich-Erzählerin.

Das Verhältnis der Autorin zu Christa T. dagegen ist eines starker Identifizierung, welches durch auffallende biographische Parallelen unterstrichen wird – allerdings auch mehr oder weniger für die Ich-Erzählerin zutreffend, obwohl der Leser dies nur indirekt erkennen kann. Besonders ins Auge fallen der mehr oder weniger gleiche Jahrgang (1929, 1927), 1945 die Flucht nach Mecklenburg, Germanistik-Studium in Leipzig, frühe schriftstellerische Versuche und der gemeinsame Vorname. Die partielle Identität der Autorin mit der Ich-Erzählerin und die intensive Identifizierung mit Christa T. verändern sich im Laufe des Romans, wie Christa Wolf selbst bestätigt hat: „Ich wollte dem Bild gerecht werden, das ich mir von ihr, Christa T., gemacht hatte. Das hat sie und das Ich, um das ich nicht herumgekommen bin, verwandelt."[69] Wie sich dieser Wandel vollzieht, wird zu zeigen sein.

3.2.3 Erzähl- und Zeitstruktur

Christa Wolfs Tendenz, relativ komplizierte Erzähltechniken und Darstellungsmittel zu verwenden, hat sich schon in *Der geteilte Himmel* manifestiert und ist in *Nachdenken über Christa T.* noch differenzierter weiterentwickelt. Wiederum handelt es sich prinzipiell um eine analytische Erzählweise. Wiederum wird versucht, ein vergangenes Geschehen durch „Nachdenken" zu verstehen. Beim Nachdenken über Christa T. hat die rückblickende Ich-Erzählerin jedoch das ganze Leben der verstorbenen Freundin vor Augen, und dieses Leben wird keineswegs gradlinig oder chronologisch erschlossen, wie dies in groben Zügen für *Der geteilte Himmel* noch zutrifft. Nur zögernd erschließt die Ich-Erzählerin dem Leser das Material, oft auf Umwegen und ausschweifend – wodurch eine Dehnung des Erzählvorganges erreicht wird –, stellenweise dagegen gerafft und komprimiert.

Die zwanzig Kapitel des Buches sind von ungefähr gleicher Länge. Während die ersten drei Kapitel nach der ersten Begegnung der beiden Freundinnen (Kapitel 1) durch Rückblenden Christa T.'s Jugend bis hin zur Wiederbegegnung beim Studium (1951, Leipzig) erfassen – also eine Zeitspanne von vierundzwanzig Jahren –, nehmen die nächsten vier Jahre Studienzeit acht Kapitel des Buches ein und das eine Jahr als Lehrerin in Berlin drei Kapitel. Dieser zeitlichen Dehnung folgt dann die Zeit der sechsjährigen Ehe, die gerafft drei Kapitel (Kapitel 15–17) ausmacht. Die letzten drei Kapitel sind dann dem Zeitraum Silvester 1961/62 bis Februar 1963 gewidmet, wobei die zwölf Monate vor ihrem Tode noch konzentrierter im letzten Kapitel behandelt werden. Das ist im großen und ganzen das Verhältnis von Zeitrahmen und Kapiteleinteilung, welches sich durch ein kompliziertes Gefüge von Vor- und Rückgriffen zu einem äußerst komplexen Erzählvorgang verdichtet.

Ähnlich wie Rita in *Der geteilte Himmel,* blickt die Ich-Erzählerin aus der Reflexionsebene auf Christa T.'s Erlebnisse (der Handlungsebene) zurück, die auch gleichzeitig die eigene Vergangenheit der Ich-Erzählerin ausmachen. Retrospektiv bedenkt die Erzählerin die Handlungszeit, um von dort beliebig vor- und zurückzublenden, sowie Assoziationsketten zu knüpfen, die sich aus gemeinsam erlebten Episoden oder dem ungeordneten Material in Christa T.'s Hinterlassenschaft ergeben. Dieser Prozeß ist für das Verständnis des Romans sehr wichtig, da die Erzählerin häufig Vorausdeutungen und Bewertungen einblendet. Der ständige Wechsel von Rückblenden und Vorausblicken, oft nur aus kleinen Hinweisen ersichtlich, bedarf einer sehr genauen Beobachtung und der völligen Aufmerksamkeit des Lesers. Manchmal scheint es sogar, daß der Leser bewußt von der Erzählerin in die Irre geführt wird.[70] Es handelt sich dabei gleichsam um einen Aufruf an den Leser zu eigener neuer Bewertung. Dieser Prozeß ähnelt in seiner Funktion dem Verfremdungseffekt von Brecht. Nicht einfaches Akzeptieren der Ereignisse, sondern aktive Leserbeteiligung durch Reflexion und Deutung des Materials ist das Ziel von Christa Wolfs Prosa, für die sie in Anlehnung an Brecht den Begriff „epische Prosa" geprägt hat.

3.2.4
Epische Prosa

„‚Episches Theater' hat er (Brecht) seine Erfindung genannt... da sie zum dialektischen Denken in Modellen anregen wollte... Der Vorschlag, sich um eine ‚epische Prosa' zu bemühen, scheint dagegen ein Unsinn zu sein. Und doch hat man eine Ahnung, daß es sie geben müßte: eine Gattung, die den Mut hat, sich selbst als Instrument zu verstehen – scharf, genau zupackend, veränderlich –, und die sich als Mittel nimmt, nicht als Selbstzweck. Als ein Mittel, Zukunft in Gegenwart hinein vorzuschieben, und zwar im einzelnen, denn Prosa wird vom einzelnen Leser gelesen... Die epische Prosa sollte eine Gattung sein, die es unternimmt, auf noch ungebahnten Wegen in das Innere dieses Menschen da, des Prosalesers, einzudringen. In das innerste Innere, dorthin, wo der Kern der Persönlichkeit sich bildet und festigt."[71] Diese Worte Christa Wolfs in *Lesen und Schreiben*, wo sie 1968, nach Fertigstellung des Romans, in Essayform versucht, ihre Erfahrung beim Schreiben des Prosawerkes darzulegen,[72] betonen die Bedeutung, die sie dem Leser beimißt – sehr ähnlich wie Brecht dies für den Zuschauer in seinem epischen Theater tut. Prosa ist für Christa Wolf ein „Instrument" zur Veränderung des Lesers, indem es gelingt, in sein Inneres vorzudringen, um dort die Auseinandersetzung mit echten Lebensproblemen anzuregen. Christa Wolf betont dabei, daß Prosa sich nicht der Menschen „bemächtigen" will, sondern „seelische Kräfte" freisetzen soll. Der Leser soll zu neuen Einsichten und Überzeugungen gelangen, die nicht unbedingt direkt suggeriert werden, sondern zu denen er durch eigenes Denken und Entscheiden gelangt. Um eine derartige Wirkung zu erzeugen, muß moderne Prosa zu einem dialektischen Weltverhältnis[73] vorstoßen, und diese Dialektik muß sich nicht nur thematisch, sondern auch strukturell im epischen Prosawerk niederschlagen.

Eine solche Dialektik ist in vielfältiger Weise in der Struktur von *Nachdenken über Christa T.* angelegt. Sie trägt in entscheidender Weise zu dem eigentümlichen Schwebezustand, der „Schwer-Greifbarkeit"[74] des Romans bei, von der Reich-Ranicki spricht. Die Autorin, bzw. die Erzählerin, will sich nicht festlegen, so wenig wie möglich definitive Aussagen machen, sondern vielmehr Fragen aufwerfen, um so in jene noch „unerforschte Gegend vorzudringen, in der die Struktur der moralischen Welt gesellschaftlich lebender Menschen in Frage steht“[75]. In der dialektischen Gegenüberstellung verschiedenster menschlicher und gesellschaftlicher Problemstellungen werden Antworten zwar suggeriert, aber die eigentliche Entscheidung dessen, was richtig und zukunftsweisend ist, wird dem Leser überlassen. Nur so kann er engagiert und überzeugt werden. Dieses Grundkonzept von Christa Wolfs epischer Prosa zeigt sich schon in der Struktur des Werkes, in dem Ineinanderfließen von Realität und Fiktion, dem komplizierten Verhältnis von Autor, Erzähler und Romanfigur, dem subtilen Wechselverhältnis von Reflexions- und Handlungsebene sowie im Erinnerungsprozeß selber, der ja als solcher eine gewisse Unsicherheit und fragende Haltung in sich birgt und so stets die Möglichkeit verschiedener Auslegungen erlaubt.

3.2.5 Sprache

Während in *Der geteilte Himmel* noch eine teils idyllische, teils kitschig anmutende Sprachgestaltung gebraucht wird, herrscht in *Nachdenken über Christa T.* eine sehr viel nüchterne und eigenwilligere Sprache vor. Sprache und Syntax sind hier entscheidend durch den Erinnerungsprozeß der Erzählerin bestimmt. Bezeichnend dafür ist die Bevorzugung einer primär parataktischen Satzfügung mit wenig Kausalsätzen. Unabhängige, aneinandergereihte Aussagen ohne logisch-argumentative Verknüpfung sind typisch und werden oft durch ein Resümee eingeleitet,[76] wie z. B. „Ein für allemal…“, „Die Wahrheit ist…“ oder „So viel ist sicher…“ Das Einstreuen von Dokumenten aus Christa T.'s Hinterlassenschaft soll Authentizität bewirken. Diesen parataktischen Satzgefügen stehen eine Fülle von Reflexionssätzen gegenüber, oft in Form von Fragen oder Formulierungen mit Gebrauch des Konjunktivs, die das Suchen und die Unsicherheit der Ich-Erzählerin kennzeichnen, wie z. B. „Wäre es möglich?“, „Wie sollte man das nur erklären?“, „Worauf berufe ich mich also?“, „Der Gedanke überrascht mich selbst.“, „Heute kann man ja fragen.“[77]

Diese Art dialektischer Gegenüberstellung von Aussagen, die Gewißheit und Zweifel beinhalten, wird dadurch kompliziert, daß Gedankenvorgänge oft nebeneinander herlaufen, ineinander übergehen, wie Christa Thomassen hervorhebt: „Letzteres spiegelt sich im Text wider, im Auslaufen von Sätzen, von Gedankengängen, in Auslassungspunkten oder Gedankenstrichen. Diesem Zweck dienen auch die häufig eingesetzten Mittel der Parenthese und der vielen Doppelpunkte, die Partikel wie ‚ja', ‚doch' und der Gebrauch von einschränkenden Konjunktionen... (sowie) das Spiel mit (volks-)etymologischen Ableitungen und semantischen Doppeldeutigkeiten... Für Christa T. heißt ‚dichten' – ‚dichtmachen' (23, 27), kommt ‚Sehnsucht' von ‚Sehen' (112), für die Erzählerin ‚Wunder' von ‚Wunde' (228)."[78]

Hinzu kommt, daß der ganze Roman durchsetzt ist mit Bezügen, Hinweisen und Zitaten, die im literarisch gebildeten Leser Assoziationsketten auslösen, welche er dann mit in den Text einbringt und ihn so bereichert. Die Skala der angeführten Bezüge reicht von dem Christuswort „Wahrlich, ich sage dir, noch heute wirst du mit mir im Paradiese sein!" (56) zu Shakespeares „Doch Brutus ist ein ehrenwerter Mann", von Schillers „Den Dank, Dame, begehr' ich nicht" (70) zu Nietzsches Konzept der „Herde" (40) und des Rausches (vgl. 59), oder von Mozarts Ideal, „ein Mensch zu sein" (40; aus der *Zauberflöte*), zu Novalis' und Flauberts Romanfiguren „Klingsohr" (58) und „Madame Bovary" (153). Diese Bezüge werden meist kommentarlos in den Text eingeflochten, wie sie eben der Gedankenwelt der Erzählerin, die ja wie die Autorin eine ausgebildete Germanistin ist, auftauchen.

Eine gewisse Sprachskepsis, die bei Christa T. durch die Erzählerin festgestellt wird, trifft auch für Christa Wolf selber zu. Auch sie scheint eine „Angst vor dem Gebrauch von ungenauen, unzutreffenden Wörtern" zu haben. Sie scheint „das Leben für verletzbar (zu halten) durch Worte" (169), was besonders durch den spärlichen Gebrauch von Adjektiven gekennzeichnet ist.[79] Ihre Sprachskepsis geht manchmal so weit, daß sie dem Leser suggeriert, das Eigentliche und Essentielle sei nicht in Worte zu fassen, sei also unsagbar. Im Text wird dies entweder direkt ausgesagt, wie z.B. „Das Ziel – Fülle, Freude. Schwer zu benennen" (172), oder indirekt beschrieben: „Sie nahm ihr Buch wieder auf und verfiel in Schweigen." (42)[80] Grundsätzlich läßt sich über Christa Wolfs Sprachgebrauch in diesem Werk sagen, daß er konsequent der inhaltlichen Intention entspricht und den Leser am Entstehen des Textes teilhaben läßt (vgl. 3.3.8). Dabei wird die Absolutheit sprachlicher Aussagen durch Gegenüberstellung und Nebeneinander mehrfacher Verständnis- und Deutungsmöglichkeiten relativiert, was jenen Schwebezustand der Aussage bewirkt, der ein charakteristisches Merkmal des Werkes darstellt.

3.2.6 Der implizite Leser

Während in *Der geteilte Himmel* eine allwissende Erzählerfigur Einsichten über die Hauptcharaktere vermittelt, gibt es in *Nachdenken über Christa T.* eine solche auktoriale Erzählweise nicht mehr. Die Ich-Erzählerin ist keineswegs als allwissend anzusehen, sondern als nur bedingt informiert. Auf der Suche nach dem Geheimnis der Christa T. ist sie stets fragend, selbstkritisch und immer wieder zweifelnd. Diese Unsicherheit überträgt sich auf den Leser und erzeugt eine intellektuelle Spannung, die ihn zum Weiterlesen und Mitdenken reizt. In einem Interview (1972) bestätigt Christa Wolf, wie sehr sie sich der Rolle des Lesers bewußt ist: „Mir kommt es so vor, als ob in der modernen Prosa der Autor verpflichtet ist, den Leser teilhaben zu lassen an der Entstehung der Fiktion und ihm nicht die Fiktion als zweite Wirklichkeit vor die Wirklichkeit zu stellen... Diese Haltung zum Stoff und zum Leser prägt weitgehend den Stil."[81] In der Tat hat der Leser nicht nur Teil an der Entstehung des Romans, sondern darüber hinaus hat er durch seinen Leseakt eine strukturelle Funktion. Durch die schon betonte Unbestimmtheit, das In-der-Schwebe-Bleiben, wird das Gelesenwerden zum wichtigsten Element der Romanstruktur. Wie Wolfgang Iser hervorhebt, ist „der Unbestimmtheitsbetrag in literarischer Prosa – vielleicht in Literatur überhaupt – das wichtigste Umschaltelement zwischen Text und Leser... Als Umschaltstelle funktioniert Unbestimmtheit insofern, als sie die Vorstellungen des Lesers zum Mitvollzug der im Text angelegten Intention aktiviert. Das aber heißt: Sie wird zur Basis einer Textstruktur, in der der Leser immer schon mitgedacht ist"[82]. Die Intention des Autors, und das trifft besonders für Christa Wolf und ihren Roman zu, wird also nicht ausformuliert. Die eigentliche Bedeutung oder Wahrheit bleibt ungesagt und wird in die Einbildungskraft des Lesers verlagert. Das, was unformuliert bleibt – Wolfgang Iser spricht von „Leerstellen" im Text[83] –, provoziert den Leser, nach dem Sinn zu suchen. Je weniger terminiert die „Wahrheit“ eines Textes ist, um so gesteigerter ist die Aktivität des Lesers und um so mehr gewinnt damit seine Rolle in der Textstruktur an Bedeutung.

Ein Kriterium bei der Beurteilung literarischer Qualität ist, wie Christa Wolf es einmal formuliert hat, daß einer „diesen radioaktiven Stoff erfaßt. Daß der Funke überspringt, daß der Punkt in mir als Leser berührt wird, der auch radioaktiv ist... es ist das wie des Ergreifens dieser Welt, von der man dann wieder ergriffen wird“[84]. Es muß also eine dynamische Wechselbeziehung zwischen Text und Leser bestehen, die Hand in Hand mit Christa Wolfs Konzept einer epischen Prosa geht, denn auch der Prozeß des Lesens hat eine dialektische Struktur,[85] bei der die Formulierung des Unformulierten durch den Leser als Synthese anzusehen ist. Diese Synthese liegt im privaten, subjektiven Bereich, im „innersten Innern“ des Prosalesers, den Christa Wolf ansprechen will.[86] Der Leser ist also ein wichtiges Element der Textstruktur. Zu unterscheiden ist allerdings der eigentliche reale Leser und der im Text vorgedachte Leser, der ja keine reale Existenz hat, sondern eine Fiktion ist, wie die Erzählerfigur und die Romanfigur Christa T. Sie bringen alle gewisse Perspektiven in den Roman ein, sind also Perspektivträger.

Halten wir also fest: Grundsätzlich zu unterscheiden sind einerseits die durch den Autor geschaffene Leserfiktion der Textstruktur, durch die eine weitere Perspektive im Text eröffnet wird, und andererseits der eigentliche Leser, der das Werk tatsächlich liest. Erst durch das Lesen des wirklichen Lesers – Wolfgang Iser bezeichnet diesen Vorgang im Gegensatz zur Textstruktur als Aktstruktur[87] – findet die Synthese statt. Textstruktur und Aktstruktur hängen eng zusammen. Es umschreibt die Vielfalt der historischen und individuellen Wirkungsmöglichkeiten im realen Leser.

Diese Synthese wird natürlich bei jedem Leser sehr unterschiedlich ausfallen, denn sie ist abhängig von individuellen Faktoren, die der Einzelne in die Aktstruktur des Lesens einbringt, wie z. B. Vorverständnis, ideologische Überzeugungen, Konzentration, Interesse oder sonstige Dispositionen. Dieser Aspekt ist für den westlichen Leser eines Textes wie *Nachdenken über Christa T.* besonders bedeutsam, denn der vorgedachte Leser ist ja der Leser in der DDR mit seinen Problemen und in seiner zeitgeschichtlichen Situation, die für den westlichen Leser nicht immer leicht zugänglich ist.

Der fiktive Leser der Textstruktur übt seine Wirkung in *Nachdenken über Christa T.* nicht nur indirekt durch die besprochene Unbestimmtheit des Textes und dessen Leerstellen aus, sondern er wird von der Ich-Erzählerin auch direkt angesprochen. Er wird zur Mithilfe, der Lösung angeschnittener Problemkreise aufgerufen, die sich aus dem Versuch ergeben, das Geheimnis der Christa T. zu verstehen. Direkte Fragen wie „Hatte sie es überhaupt gewollt?" oder „Man wird mich also zwingen, über Erfolg zu reden, doch wohin gerat' ich da?" (88) stellt die Erzählerin nicht nur sich selbst, sondern auch dem Leser. Die Fragen, die dem fiktiven Leser im Text so unterbreitet werden, sollen im realen Leser Assoziationsketten auslösen, die von der spezifischen auf die „zeitgenössische"[89] Problematik zielen, von der Christa Wolf spricht. So kann z.B. die leitmotivische Frage „Warum schreibst du nicht?" von dem Leser in der DDR leicht mit dem Problem der Zensur in Zusammenhang gebracht werden. Und die Frage „Wann, wenn nicht jetzt?", die sich durch den ganzen Roman verfolgen läßt und dessen Schlußsatz bildet, deutet unter anderem auf die Problematik des ständigen Verschiebens und Versprechens auf eine bessere Zukunft in der sozialistischen Gesellschaft. Hier wird besonders klar, wie eng Textstruktur und Aktstruktur, Leserfiktion und wirklicher Leser, Intention und Erfüllung miteinander verknüpft sind und gleichzeitig in einer Spannung[90] zueinander stehen, die Iser mit dem Begriff des „impliziten Lesers" umschrieben hat.

Das Konzept des impliziten Lesers ist Christa Wolfs Idee einer vierten Dimension des erzählerischen Raums nicht unähnlich, die zu den drei fiktiven Koordinaten – auf *Nachdenken über Christa T.* bezogen wären dies die Ich-Erzählerin, die Romanfigur und die Leserfiktion – als vierte, und vielleicht wichtigste, die Koordinate „der Tiefe, der Zeitgenossenschaft, des unvermeidbaren Engagements" hinzufügen möchte, welche der Wirklichkeit des Autors entspringt. Tiefe will Christa Wolf dabei als „poetische Wirksamkeit"[91] verstanden haben, und sie betont, sich jener vierten Dimension „bewußt zu bedienen, ist eine Grundmethode moderner Prosa. Komplizierte Erzählstrukturen, die dadurch hervorgebracht werden, haben nichts mit Willkür zu tun..."[92]

Eine komplizierte Erzählstruktur, die sich als Notwendigkeit ergibt, um jene vierte Dimension zu erreichen, geht durchaus auch mit Christa Wolfs Idee einer epischen Prosa Hand in Hand, die gerade in der dialektischen Spannung von Textstruktur und Aktstruktur, Leserfiktion und wirklichem Leser ihre überzeugende Ausprägung findet. Darüber hinaus jedoch hat die komplexe Erzählweise nicht nur die Funktion, „tödlicher Vereinfachung" vorzubeugen,[93] sondern nimmt in einem Staat wie der DDR, wo alles Veröffentlichte einer strikten Zensur unterliegt, eine ganz besondere Funktion ein. Das, was den Anstoß der Zensur erregen könnte, muß nicht unbedingt ausformuliert werden, darf unbestimmt bleiben, soll dem Leser überlassen werden. Kurz, die Möglichkeit, daß die komplexe Prosaform auch eine technische Methode ist, Probleme mit der Zensur zu vermeiden, kann nicht ausgeschlossen werden, wie dies in einer Rezension der *Neuen deutschen Literatur* angedeutet wird: „Der Kritiker dieses Buches hat es leicht, das Gelungene zu zeigen. Er hat es schwer, Kritik zu üben, und zwar nicht zuletzt deshalb, weil die Autorin die Möglichkeiten des Reflexionsstils dazu nützt, kritischen Einwänden auf die verschiedenste Weise vorzubeugen."[94] Daß Christa Wolf bei ihrem Roman um die Veröffentlichung besorgt war, ist bereits besprochen worden (vgl. 3.1).

3.3 Thematik

3.3.1 Titel, Motto und Prolog

Schon die Analyse der Struktur hat gezeigt, wie sehr Form und Inhalt von Christa Wolfs Roman miteinander verknüpft sind, und es ist schwierig zu sagen, inwieweit Christa Thomassen recht hat, wenn sie meint: „Der Gehalt des Werkes fordert und schafft sich eine adäquate Form"[95]. In Hinblick auf unsere Analyse der dialektischen Struktur und Erzählweise mit ihrer Bedeutung für den impliziten Leser könnte man auch umgekehrt argumentieren. Es scheint uns daher treffender, die gegenseitige Abhängigkeit von Form und Gehalt zu betonen.

Bereits im Titel ist dieses charakteristische Ineinandergreifen von Form und Gehalt zu erkennen, wie Manfred Durzak richtig hervorgehoben hat: „Der Titel des Romans *Nachdenken über Christa T.* stellt also nicht nur einen thematischen Hinweis dar, sondern ist zugleich Definition der erzählerischen Struktur“[96]. Neben dem Hinweis auf die rückblickend-reflektierende Struktur und die beiden Hauptcharaktere, Ich-Erzählerin und Christa T., wird durch den gleichen Vornamen von Autorin und Romanfigur ferner auf die autobiographische Dimension hingewiesen. Auch die Nähe zu anderen zeitgenössischen Romanen, die durch Unbestimmtheit und Identitätssuche gekennzeichnet sind – wie Uwe Johnsons *Mutmaßungen über Jakob,* Max Frischs *Mein Name sei Gantenbein* oder Heinrich Bölls *Ansichten eines Clowns* –, ist leicht im Titel zu erkennen und reiht den Roman in diese Tradition ein. Darüber hinaus ist die Anspielung auf Kafka und seine Figuren, wie z.B. Josef K. in *Der Prozeß,* nicht zu übersehen und scheint eine gewisse Bedeutungsparallele aufzuweisen, die allerdings noch einer systematischen Untersuchung bedarf. Auffallend ist ferner, daß der Titel einer Gattungsbezeichnung entbehrt. Während *Der geteilte Himmel* die Genrebezeichnung „Erzählung“ trägt, überläßt Christa Wolf in *Nachdenken über Christa T.* die Entscheidung dem Leser. Schon im Titel ist also die Dynamik des impliziten Lesers ersichtlich, dem sich Assoziationsketten und Fragen aufdrängen, welche den ersten Schritt zu einer aktiven Mitarbeit bedeuten.

In dem von Johannes R. Becher entliehenen Motto wird die fragende, den Leser ansprechende Formulierung des Titels fortgeführt. In *Selbstinterview* hebt Christa Wolf hervor, daß sie das, was sich beim Schreiben allmählich als vielleicht zentrale Idee herauskristallisierte, bei Becher formuliert vorfand. Dort zitiert sie auch den etwas weiteren Kontext des Mottos: „Denn diese tiefe Unruhe der menschlichen Seele ist nichts anderes als das Witterungsvermögen dafür und die Ahnung dessen, daß der Mensch noch nicht zu sich selbst gekommen ist. Was ist das: Dieses Zu-sich-selber-Kommen des Menschen?“[97] Jene Unruhe, von der Becher spricht, ist es, was auch für Christa T. als zentrales Charakteristikum angesehen werden darf, was Christa Wolf faszinierte, womit sie sich identifizierte und was sie darstellen wollte. Gleichzeitig macht die Autorin klar, daß dieses Buch eben nicht jeden ansprechen soll – sie hat in *Lesen und Schreiben* betont, daß man nicht für alle schreiben kann[98] –, sondern gerade die Unruhigen, die noch nicht zu sich selber gefunden haben. Ihnen bei diesem Zu-sich-selber-Finden behilflich sein ist eine zentrale Aufgabe des Buches und jeglicher echter Literatur: „Die Literatur nimmt sich, wie unsere Gesellschaft, gerade der Unruhigen an. Menschen darzustellen, denen diese Unruhe fremd ist: Selbstzufriedene, Platte, allzu Anpassungsfähige – das erscheint mir langweiliger und unergiebiger“[99]. Bezeichnend ist auch, daß Christa Wolf ihr Buch durchaus im Einklang mit den Zielen der sozialistischen Gesellschaft sieht: „Es ist ein großer Gedanke, daß der Mensch nicht zur Ruhe kommt, ehe er zu sich selber gefunden hat. Die tiefe Wurzel der Übereinstimmung zwischen echter Literatur und der sozialistischen Gesellschaft sehe ich eben darin: Beide haben das Ziel, dem Menschen zu seiner Selbstverwirklichung zu verhelfen“[100]. So sollte es sein, könnte man hinzufügen. Ob und inwieweit die Gesellschaft diesem Mandat Folge leistet, inwieweit sie die Voraussetzungen zur persönlichen Selbstverwirklichung schafft, ist eben ein wichtiges Thema des Romans.

Der zweiseitige Prolog unterbreitet dem Leser die Ausgangsposition, die sich aus der Betroffenheit der Erzählerin über Christa T.'s Tod ergibt. Noch kann sich die Ich-Erzählerin an die unter dem mecklenburgischen Himmel begrabene Christa T. erinnern. Noch kann sie sie im Gedächtnis herbeizitieren, sie mit ihrem ‚schlenkrigen‘ Gang klar vor sich sehen, sogar über sie ‚verfügen‘ (vgl. 9). Kurz, Christa T. lebt noch in ihrer Erinnerung, und diese Einsicht bewirkt in ihr eine Angst, sie könne etwas Wichtiges versäumen, nämlich sie nicht weiterzudenken, eine unbestimmte Angst, Christa T. könne noch einmal in ihr sterben, und das übt einen gewissen Zwang aus, ihr weiter nachzuforschen.

Die Erzählerin läßt also den Leser gleich zu Anfang am Entstehungsprozeß der Fiktion teilhaben und bekennt ihre Ungewißheit und Unsicherheit gegenüber dem Erzählobjekt. Wichtig ist ihr Grund, über Christa T. schreiben zu wollen: „Und bloß nicht vorgeben, wir täten es ihretwillen. Ein für allemal: Sie braucht uns nicht. Halten wir also fest, es ist unseretwillen, denn es scheint, wir brauchen sie“ (10). Das „unseretwegen“ und „wir“ in dieser emphatischen Feststellung bezieht sich auf die Erzählerin, schließt aber den Leser und die Gesellschaft mit ein. Nicht um die Tote geht es, sondern um die Lebenden. Die Erzählerin benötigt Christa T. zur eigenen Selbstverwirklichung als Schriftstellerin. Die Mitmenschen aber – das ist nicht nur die Hoffnung, sondern die Überzeugung der Autorin – können durch ihre Prosa in essentieller Weise beeinflußt werden: „Ich kann nur darauf vertrauen, daß mein ganzes Leben, meine Erfahrung aus der intensiven Anteilnahme an der Entwicklung unserer Gesellschaft Probleme und Fragen in mir erwecken, die auch anderen Menschen wichtig sind. Vielleicht lebenswichtig..."[101] Also auf „lebenswichtige" Fragen für den Menschen in der sozialistischen Gesellschaft zielt Christa Wolf in ihrem Roman und verschweigt auch nicht, was sie mit diesem Anspruch meint: „Aber unser wissenschaftliches Zeitalter wird nicht sein, was es sein könnte und sein muß – bei Strafe einer unerhörten Katastrophe –, wenn nicht die Kunst sich dazu aufschwingt, dem Zeitgenossen, den vielen Einzelnen, an die sie sich wendet, große Fragen zu stellen... Ihn zu ermutigen, er selbst zu werden – das heißt, sich dauernd, sein ganzes Leben lang, durch schöpferische Arbeit zu verwandeln"[102]. Gerade das wissenschaftliche Industriezeitalter braucht den humanisierenden Einfluß der Kunst, und der Prozeß des Nachdenkens über Christa T.'s Leben soll das leisten. Die Fragen, die sich daraus beim realen Leser ergeben, sollen ihn ermutigen, zu sich selbst zu finden.

3.3.2
Die Vision der Christa T.

Christa T.'s Leben hat eine ganz besondere Aussagekraft und Bedeutung für die Zeitgenossen, für die Gegenwart und Zukunft; dies kann man dem Prolog entnehmen. Kaum jemand wird jedoch behaupten wollen, daß ihr Leben sehr ungewöhnlich verlaufen sei. Im Gegenteil, abgesehen von ihrem frühen Tod, scheint sie ein durchschnittliches Dasein gelebt zu haben, sogar ein typisches für ihre Generation: Eine recht normale Kindheit bis zur Flucht als Siebzehnjährige; Neuanfang; Studium; eine kurze Zeit als Lehrerin in einem Dorf; weiteres Germanistik-Studium in Leipzig mit Examensarbeit über Theodor Storm; Heirat mit einem Tierarzt; drei Kinder und der Bau eines Hauses auf dem Lande. So ungefähr ließe sich der keinesfalls aufregende Lebenslauf aus dem Roman rekonstruieren. Und doch übt diese Gestalt eine merkwürdige Faszination auf die Ich-Erzählerin aus, und zwar von Anfang an, von der ersten Begegnung als Schulkinder.

Schon früh witterte die spätere Freundin das Besondere, ein die Schranken der Gegenwart durchbrechendes Potential in diesem Menschen.

Auch Christa T. war sich bewußt – schon als Zehnjährige –, daß sie zwar kein „Herrenkind" war, denn ihr Vater war nur ein armer, kränklicher Schulmeister, der übrigens Ölbilder malte und Aufzeichnungen über die Geschichte des Dorfes machte –, daß sie jedoch ein „Sternkind" war. „Sternkind – nicht Herrnkind" (23) – stand kommentarlos in ihrem mit blauer Blümchenseide eingebundenen Büchlein, und die Erzählerin versucht, das zu interpretieren: „Sternkind. Was ja nicht heißen muß Glückskind. Sonntagskind. Nicht jeder Stern strahlt hell und beständig. Von schwierigen Sternen hat man gehört, von wechselndem Licht, schwindend, wiederkehrend, nicht immer sichtbar. Worauf es auch nicht ankommt. Und worauf käme es an?" (25) Die Erzählerin akzeptiert also die Selbsteinschätzung Christa T.'s und die Assoziationsketten, die sich mit dem Sinnbild eines Sternes verbinden. Man soll ihren Stern nicht einfach ignorieren, nur weil er nicht immer sichtbar ist, denn er birgt ein Geheimnis, auf das es ankommt und hinter das die Ich-Erzählerin durch ihr Schreiben kommen will.

Der tastende Versuch, das Geheimnis der Christa T. zu erkunden, zieht sich thematisch durch den ganzen Roman. Die Untersuchung aller Phasen ihres Lebens, all dessen, was die Erzählerin über sie herausfinden kann, geschieht primär in Hinblick auf das Bemühen, ihr Geheimnis zu verstehen. Die überzeugende Darstellung des Essentiellen bleibt für die Erzählerin jedoch ein Problem: „Selbst wenn ich es schaffen könnte, alles getreulich wiederzugeben, was ich von ihr noch weiß oder in Erfahrung gebracht habe, selbst dann wäre denkbar, daß derjenige, dem ich alles erzähle ... am Ende nichts von ihr wüßte ... Wenn es mir nicht gelingt, das Wichtigste über sie zu sagen: Sie, Christa T., hat eine Vision von sich gehabt" (117). Die Erzählerin glaubt also von Anfang an um ein Geheimnis der Christa T. zu wissen, und versucht, den Leser allmählich auch zu überzeugen.

Unsere Interpretation der Vision von Christa T. ist, daß es ihr Wunsch war, Schriftstellerin zu sein und daß das eigentliche Hauptthema des Romans – und zugleich seine bedeutende autobiographische Dimension – die Darstellung der Selbstfindung, des Zu-sich-selbst-Kommens einer Schriftstellerin in der gesellschaftlichen Situation der fünfziger und sechziger Jahre ist. Dabei ist die Bedeutung der Selbstfindung keinesfalls auf die Zeitperiode begrenzt, in der der Roman spielt, sondern hat offensichtliche Implikationen für Gegenwart und Zukunft.

Nur in der Gesamtdarstellung von Christa T.'s Leben glaubt die Erzählerin, den Leser von Christa T.'s Vision überzeugen zu können. Dabei trifft sie durch ihre unchronologische und schwebende Erzählweise eine Auswahl, die meist in Bezug zu ihrer Vision steht. Christa T. hat ihr Geheimnis gehütet, nicht nur vor anderen, sondern auch vor sich selbst. Trotzdem hat sie Hinweise, Andeutungen, Spuren hinterlassen, die sich durch den ganzen Roman verfolgen lassen. Schon sehr früh als Kind hatte Christa T. ein Büchlein, mit blauer Blümchenseide eingebunden, auf dessen Deckel mit kindlicher Krakelschrift stand: „Ich möchte gerne dichten und liebe auch Geschichten!" Dieses Büchlein hatte sie 1945 auf der Flucht bei sich, und die Erzählerin betont in diesem Zusammenhang, daß Christa T. eine „äußerste Abneigung gegen das Ungeformte gehabt" habe, und fügt hinzu: „Das ist das Zeichen, wenn es überhaupt eins gibt" (22). Erst im weiteren Verlauf des Buches kristallisiert sich die Bedeutung dieses Bemühens um Formgebung heraus. Durch geschriebene Zeilen, das entdeckt Christa T. mit Staunen, ist Trost zu finden (vgl. 26). Die frühe Erkenntnis, daß Sprache Erleichterung schaffen kann, daß Dichten im Sinne von „Dichtmachen" (vgl. 26) helfen kann, die Stürme des Daseins zu bewältigen, wird zum essentiellen Bestandteil ihrer Persönlichkeit.

Später beim Lesen der „neuen Autoren", wie Gorki und Makarenko (vgl. 36), entdeckt Christa T. dann, daß Literatur-Schreiben auch eine nützliche Seite, eine soziale Funktion haben kann, und glaubt somit, ihren Hang zum Schreiben sinnvoll einsetzen zu können: „Dies ist der Weg zu uns selber. So wäre diese Sehnsucht nicht lächerlich und abwegig, so wäre sie brauchbar und nützlich." Sie hat ihre Berufung erkannt, spricht aber mit niemand über genauere Pläne: „Zwei, drei Titel im Höchstfall, nüchterne philosophische Begriffe: Werde ich Bescheid wissen? Den Schmerz der Selbstausdehnung kennen, auch die Lust, die man nie mehr vergessen und an der man alle künftige Lust messen wird? Wieviel wird da zu verwerfen sein!" Christa T. denkt an die

Arbeit, Lust und vergebliche Mühe des Schreibens und akzeptiert dies als Berufung, ohne dies in die Tat umzusetzen. „Man weiß, nun gut. Was weiter?“ (36)

Das Germanistik-Studium bleibt für sie nur eine Station auf dem Weg zur Verwirklichung ihrer Vision. Andererseits unterbleiben auch jegliche Schreibversuche. Auf die leitmotivische Frage der Erzählerin: „Warum schreibst du nicht...?“ antwortet sie stets ausweichend: „Ja, ja, sagte sie... Wartete. Wußte lange nicht, worauf...“ (38) Wie alles, was sie tut, ist das Studium ein Versuch, das Leben besser kennenzulernen und Erfahrungen zu sammeln. Es ist aber auch Selbsttäuschung und Ablenkung, die verhindern, daß sie sich ganz dem Schreiben widmet. Christa Wolf hat rückblickend ähnliches für sich selbst bestätigt: „Das Studium der Germanistik hat mich – so sehe ich es heute – zunächst irritiert und in eine kritisch-theoretische Richtung gedrängt: Ich schrieb Literaturkritiken. Vielleicht war mir eine gewisse Unmittelbarkeit im Kontakt mit der Realität abhanden gekommen, auch die Unbekümmertheit, die ja doch auch in dem wahnwitzigen Entschluß steckt, dem Unmaß an Geschriebenem nun auch ein eigenes Scherflein beizusteuern. Jedenfalls gab es starke Barrieren, die nur durch starke Erschütterungen durchbrochen werden konnten und einen Zwang zum Schreiben auslösten“[103].

Auch Christa T. ist sich der Masse des schon Geschriebenen voll bewußt, und so nährt sie den Wunsch, den „gefährlichen Wunsch nach reiner, schrecklicher Vollkommenheit“ (145), was zu ihrem Unsicherheitsgefühl und einer Skepsis gegenüber der Sprache beiträgt, wie die Erzählerin spekuliert: „Sie muß frühzeitig Kenntnis bekommen haben von unserer Unfähigkeit, die Dinge so zu sagen, wie sie sind. Ich frage mich sogar, ob man zu früh davon erfahren und für immer entmutigt werden, ob man zu früh klarsichtig, zu früh der Selbsttäuschung beraubt sein kann. So daß man verzichtet...“ (38) Christa T. kann aber nicht verzichten, jedenfalls nicht ganz, denn es gibt jene Tagebücher, Skizzen, Beobachtungen, Geschichten, Titellisten, Briefe und Entwürfe. Ein Satz darin – „Daß ich nur schreibend über die Dinge komme!“ – klingt nach Selbstvorwurf. Ist darin die Unordnung und Flüchtigkeit ihrer Hinterlassenschaft zu erklären? Die Erzählerin glaubt, den „Vorwurf der Schwäche“ (39) darin zu erkennen, oder ist es nur der Versuch, dem „unheilbaren Hang zum Aufschreiben" zu entkommen, „indem man ihm einfach nachgibt, ohne ihn ernst zu nehmen" (87). Diese Möglichkeiten werden erwogen. Die Erzählerin fragt sich sogar, ob die zwei Dutzend Titel, die sie zusammengestellt hat, von Christa T. ernst gemeint sind: „Nicht alle Kritzeleien kann ich lesen, sie selbst hätte es unmöglich gekonnt. Hätte sie es überhaupt gewollt?" (88) Wiederum gibt die Erzählerin, wie so oft, dem Leser schon die Antwort auf ihre Frage. Ja, Christa T. hätte es gewollt. „Diesem und jenem mag sie ja, probeweise, ihre Geschichte erzählt haben, ganz im stillen. Da hat sie auf allen Gesichtern, ausnahmslos, dieses ungläubig-mitleidige Lächeln aufkommen sehen. Dafür verbürge ich mich, weil ich seinen Abdruck auf meinem eigenen Gesicht noch fühlen kann. So schwieg sie denn" (87). Nur ein mitleidiges Lächeln hätte man für sie gehabt, das weiß sie. So verwahrt sie ihr Geheimnis. Intuitiv weiß sie jedoch, daß sie erst den „Mut zu sich selbst wirklich festigen" muß, und liest daher nüchterne, realistische Autoren: Raabe, Keller und Storm, „steigt, nicht ohne zu wissen, was sie tut, hinab in die kleine Welt. Sichere, scharf abgegrenzte Vorgänge, überschaubar bis in die Verästelung der Gefühle" (95). In ihrer eigenen Verunsicherung sucht sie Überliefertes und Kontrollierbares, „...als mißtraue sie tief der Phantasie", fügt die Erzählerin noch hinzu, um diese Möglichkeit sogleich durch die konjunktive Form zu negieren. Nein, Christa T. hat weder ihren Glauben an die Bedeutung der Phantasie noch an ihre Vision von sich selbst echt in Frage gestellt. Nur bei ihrem Versuch, aus sich selbst Mut für ein eigenes Werk zu sammeln, drängt sie ihre andere Liebe, die zur Kompliziertheit, Vieldeutigkeit und Verfeinerung von Thomas Mann, zurück und fühlt sich zu den Realisten des neunzehnten Jahrhunderts hingezogen.

In ihrem Bemühen um schöpferische Tätigkeit versucht sie, sich zu ermutigen. Jedoch ohne Erfolg: „Nie hätte sie zu schreiben gewagt: Meine Geschichten." Die Enttäuschung über sich selbst, verursacht durch das „Mißverhältnis zwischen den Anforderungen, denen man sich stellt, und den eigenen Kräften" (95), läßt Christa T. weiterhin Schutz in Selbsttäuschung suchen. In ihrer Examensarbeit über Theodor Storm entdeckt die Erzählerin allerdings Bekenntnisse, Selbstprüfungen und Selbstdarstellungen, die Christa T. auf sich bezogen wohl nicht zu denken oder schreiben gewagt hätte. Hier tritt die Frage auf, „wie man denn – und ob überhaupt und unter welchen Umständen – in der Kunst sich selbst verwirklichen könnte." Christa T. schätzt Theodor Storm und sein Werk, weil „sein Weltverhältnis ‚vorwiegend lyrisch' ist und weil eine solche Natur, in eine von Niedergangstendenzen und Epigonentum gezeichnete Zeit gestellt, besondere Anstrengungen nötig hat, um dennoch ihr Werk hervorzubringen" (97). Auch Christa T. lebt in einer jener Zeit nicht unähnlichen Situation. Auch sie drängt der „Konflikt zwischen Wollen und Nicht-Können in den letzten Lebenswinkel", als sie schließlich heiratet und einsam auf dem Lande lebt. Auch sie sieht sich „versucht und bedroht" von ihrem Hang zum „Peripheren, zum kleinen Naturstück, zum abgrenzbaren Fall" (98). Bezeichnend ist daher, daß sie Storms Dichtungen anders sieht als ihre Zeitgenossen um 1954. Georg Lukács – bis zum ungarischen Aufstand 1956 hatte sein Wort noch kanonische Bedeutung in der DDR – hatte Storm damals mehr oder weniger als Dichter des Verzichts abgestempelt, der keinen Platz in der sozialistischen Gesellschaft beanspruchen konnte.[104] Christa T. wagt es, dagegen Einwände in ihrer Examensarbeit zu erheben: „Manche der Gedichte und Novellen dieses Dichters werden nicht vergehen. Nur werden sie von den späteren glücklicheren Menschen anders verstanden werden... Storms schönste Dichtungen werden als Sehnsuchtsbild menschlicher Schönheit noch länger gelesen und geliebt werden" (100).

Ähnliches erhofft Christa T. sich auch für ihr eigenes Werk, das sie „insgeheim" mit dem Anfang der Geschichte von *Malina die Himbeere* begonnen hat (vgl. 94) – ihr einziges längeres Schriftstück, das bezeichnenderweise in der Mitte von Christa Wolfs Roman (vgl. 91 f.) abgedruckt ist. Auch diese Geschichte hat sie nicht fertiggeschrieben, und wieder spricht die Erzählerin den Leser an: „Jetzt müßte man wissen, warum sie nicht weiterschrieb" (92). Die Antwort ist sicherlich nicht in dem poetischen „Ton", dem Stil zu suchen. Ton, Qualität, Form, eine Sprache, die ja ganz Christa Wolfs eigener entspricht, läßt keinen Zweifel daran, daß Christa T. talentiert ist. Das Problem liegt beim Inhalt. Eine unpolitische und objektive wahrheitsgemäße Verarbeitung der jüngsten Vergangenheit, des Hitlerreiches, dazu ist die Zeit in den frühen fünfziger Jahren noch nicht reif. Derartige Geschichten sind einfach nicht akzeptabel, haben keinen Platz in der sozialistischen Gesellschaft dieser Zeit. Erst von späteren, glücklicheren Menschen könnten sie verstanden werden, wie das Werk von Theodor Storm, oder das Werk von Christa Wolf, die ja mit ihrem Roman *Kindheitsmuster* rund zwanzig Jahre später eine solche „Auslandsreise" in die Heimat ihrer Jugend dargestellt und schöpferisch gestaltet hat.

3.3.3 Vergangenheitsbewältigung

Für das Verständnis der Christa T. und ihr Problem der Selbstverwirklichung als Mensch und Schriftstellerin ist die Analyse des zeitgeschichtlichen Hintergrunds von einschneidender Bedeutung. Wichtig ist, daß ihre Jugend in die Zeit des Nationalsozialismus und des Zweiten Weltkrieges fällt. Besonders die Kriegsjahre spielen eine entscheidende Rolle. Christa T. hat diese Zeit bewußt miterlebt, die Fliegeralarme, die Flüchtlingswellen (vgl. 21). Die eigene Flucht aus ihrer Heimatstadt, die ihr Sicherheit, eine Ausbildung und eine bestimmte Lebenssicht gegeben hatte, muß als tiefer Einschnitt in ihrem Leben angesehen werden.

Die Flucht mit siebzehn bedeutet nicht nur Trennung von allem Vertrauten, von Freunden – einschließlich der Freundin, die im Roman als Erzählerin fungiert –, sondern auch die Begegnung mit einer neuen, dunklen, dämonisch-bösen Welt, die sie bisher nur erahnt hatte. Das, woran sie naiv geglaubt hatte, entpuppt sich während der Flucht als das Böse. Sie, die noch vor kurzem nach einem Anschlag auf den Führer als Zeichen ihrer „unverbrüchlichen Treue zu ihm" die weiße Bluse, das schwarze Dreieckstuch und Uniform getragen hatte (vgl. 18), muß mit Verzweiflung erkennen, daß ihre Flucht ein notwendiges Resultat der Taten dieses Führers ist: „Da beginnt das Radio über ihr zu dröhnen: Noch einmal, auch in der Hölle noch, diese fanatische, sich überschlagende Stimme, Treue dem Führer bis in den Tod. Sie aber, Christa T., ... fühlt sich kalt werden. Ihr Körper hat, wie auch sonst, eher begriffen als ihr Kopf, dem nun allerdings die schwere Aufgabe des Nacharbeitens bleibt, den Schreck aufzuarbeiten, der ihr in den Gliedern sitzt: Das ist es also gewesen, und so hat es enden müssen. Die hier sitzen, sind Verfluchte, und ich mit ihnen" (25). Eine Welt bricht in ihr zusammen.

Doch damit nicht genug. Zu der Erfahrung der allgemeinen Entwurzelung kommt noch das Erlebnis des schuldlos Schuldigwerdens, als ihr schlafend im Schneesturm ein Kleinkind aus dem Fahrerhäuschen des Munitionsautos entgleitet und erfriert. Sie, die als Zehnjährige den Pächter beobachtet hatte, der ihren ...guten alten Kater gotteslästerlich fluchend" (vgl. 27) an die Stallwand geknallt hatte,[105] muß jetzt miterleben, wie ein Mensch durch ihre Schwäche stirbt. Das belastet sie schwer: „Nun war sie wohl für immer in die andere Welt geraten, die dunkle ... woher sonst ihr Hang, zu dichten, dichtzumachen die schöne, helle, feste Welt, die ihr Teil sein sollte? Die Hände, beide Hände auf die Risse pressen, durch die es doch immer wieder einströmt, kalt und dunkel..." (26)

Das Erlebnis des schuldlos Schuldig-Werdens darf als repräsentativ für Christa T.'s Einstellung gegenüber dem Zusammenbruch – oder der „Befreiung", wie das Ende des Krieges 1945 in der DDR genannt wird –, der neuen Gesellschaftsform und besonders gegenüber sich selbst angesehen werden. Das Resultat sind Mißtrauen, Skepsis und Zweifel gegenüber sich selbst, denn sie weiß insgeheim, „viel hat nicht gefehlt, und kein Schritt hätte ‚das andere' von uns getrennt, weil wir selbst anders gewesen wären" (33). Jenem „anderen", der anderen, dunklen Welt, der man – rückblickend weiß man es – die Hitlerjahre zuordnen muß, wäre man um ein Haar auch verfallen gewesen. Daher die „Schuldlosigkeit aus Mangel an Erwachsensein" (33). Wie jedoch hätte man selbst als Erwachsener in Nazi-Deutschland gehandelt? „Was wußten wir von uns, wenn wir das nicht wußten? Diese entsetzliche Dankbarkeit aus Mangel an Gelegenheit wird man nicht vergessen. Und diesen Argwohn gegen den Erwachsenen in sich... gegen ihn vorgehen, endlich, in voller Schärfe, ihn verdächtigen, ihn anklagen, ihn überführen; das Urteil sprechen, lebenslänglich. Es annehmen, es vollstrecken" (34)[106] Bezeichnend ist, daß hier Ich-Erzählerin, Hauptfigur und Autorin ineinanderfließen. Mit der Zeit des Dritten Reiches muß abgerechnet werden, sie muß bewältigt werden, und man darf eine gewisse Mitschuld nicht leugnen, auch wenn man, oder gerade weil man, wie der „Reiter über den Bodensee" in der Ballade von Gustav Schwab, in seiner Unwissenheit und ohne eigenes Verdienst davongekommen ist (vgl. 34).

Christa Wolf hat eine „merkwürdige Spätreife“ in ihrer Generation bemerkt, die sie mit unbewältigter Vergangenheit in Verbindung setzt.[107] Mit dem Schock über das Erkennen dessen, was hätte sein können, erklärt sie bestimmte Handlungsweisen und Reaktionen nach 1945 bei den Menschen ihrer Generation: „Denn mit dem tiefen, nachhaltigen Entsetzen vor der Barberei, die, solange von uns geleugnet, von unserem Land ausgegangen war, ist es nicht getan... Wenn die Denkfehler erkannt, bereut, unter nicht geringer Anstrengung korrigiert waren... die Art zu denken war nicht so schnell zu ändern...: die Gewohnheit der Gläubigkeit gegen übergeordnete Instanzen, der Zwang, Personen anzubeten oder sich ihrer Autorität zu unterwerfen, der Hang zur Realitätsverleugnung und eifervoller Intoleranz ... Das alte hypertrophe Selbstbewußtsein (dem ja ein tiefes Minderwertigkeitsgefühl zugrunde lag), verdientermaßen zerstört, war nicht einfach durch ein fertiges neues zu ersetzen. Und um aber doch weiterleben zu können, griff man begierig auch nach nicht vollwertigen Ersatz-Teilen, einem neuen blinden Glaubenseifer ... und der anmaßenden Behauptung, ein für allemal im Mitbesitz der einzig richtigen, einzig funktionierenden Wahrheit zu sein“[108].

Auch Christa T. gehört dieser Generation an und bricht bei der Erkenntnis, was jene Zeit ihrer Jugend wirklich war, zusammen. Direkter Anlaß war die Frage des jungen sowjetischen Leutnants, der mit einem Händedruck und der menschlich verständnisvollen Frage „Warum traurig?“ (34) sie im Kern ihres Wesens getroffen hat. Sie erkennt und bereut ihre Denkweise, die sich zuvor mit dem Bild des Russen als Untermenschen verbunden hatte. Sie geht hin und verbrennt ihre alten Tagebücher, und „da gingen die Schwüre in Rauch auf und die Begeisterungen, denen man sich nun schämte, die Sprüche und Lieder“ (35). Das also ist das „lebenslängliche Urteil“ der Schuld, das sie über sich vollstreckt und als Bewußtsein ein Leben lang mit sich herumträgt. Da sie sich einmal für eine falsche böse Sache begeistern konnte, fällt es ihr zeitlebens schwer, die daraus entsprungene Selbstskepsis zu überwinden, was eine Entwicklung ihres Selbstvertrauens hemmt.

Neben dem Argwohn gegenüber dem „Erwachsenen“ in ihr, neben Selbst- und Sprachskepsis, liegt der tiefste Grund für Christa T.'s Entmutigung jedoch in der gesellschaftlichen Situation der fünfziger Jahre. Auch sie versucht teilzuhaben an der neuen, hellen Welt. Auch sie will das Alte hinter sich lassen und glaubt an das Neue. Die Zeit des Aufbaus in der DDR ist jedoch bestimmt durch Tatsachenmenschen, „Hopp-Hopp-Menschen“, vor denen es ihr graut, denen sie sich unterlegen fühlt und die sie verunsichern. Da sie die „neue Welt“, das Paradies, das man ihrer Generation versprochen hatte, befürwortet, ja nichts inniger herbeiwünscht (vgl. 55), versucht sie sich einzugliedern, einen Beruf anzustreben. Das Problem ist dabei nicht so sehr, daß die Intellektuellen in jener Zeit um 1953 suspekt sind, daß „die schrecklich strahlenden Helden“, der „neue Mensch“ auf den übergroßen Papptafeln ihnen mißtraute, sondern daß die Intellektuellen sich selbst verunsichert fühlen, wie es die Ich-Erzählerin auch für sich bestätigt: „Wir hatten den Maßstab angenommen und – beklommen, erschrocken – begonnen, uns mit jenen zu vergleichen. Es war dafür gesorgt, daß der Vergleich zu unseren Ungunsten ausfiel. So entstand um uns herum, oder auch in uns ... ein hermetischer Raum, der seine Gesetze aus sich selber zog ... und keiner Veränderung und am wenigsten dem Zweifel unterworfen war ... man erfreute sich an der absoluten Perfektion und Zweckmäßigkeit des Apparates, den reibungslos in Gang zu halten kein Opfer zu groß schien – selbst nicht das: sich auslöschen, Schräubchen sein“ (60).

Die erstaunlich offene Analyse jener Zeit muß sicherlich als wichtige Aussage zur eigenen Vergangenheitsbewältigung von Christa Wolf angesehen werden. Bezeichnend ist, daß Christa T. gerade in jener Zeit anfängt zu schreiben, es sich aber zum Vorwurf macht, „nur schreibend über die Dinge“ zu kommen (39). Sie sieht es als Schwäche an, muß aber schreiben, und zwar als „Selbstbehauptung“ und „Selbstentdeckung“ (61). Sie wagt es nicht, zu denken, daß dies für jemand anderes, einen Leser, gemeint sein könnte, denn ihre „subjektiven“ Kindheitsgeschichten entsprechen in keiner Weise den literarischen Forderungen der Literaturtheoretiker. „Welche Idee“, ruft die Erzählerin aus, „Christa T. hätte diesem Mechanismus (des Staates) ihr *Kind am Abend* entgegengesetzt“ (60). Ohne Leser und ohne Hoffnung auf ein Leserpublikum bleibt diese Erzählung, neben ein paar Gedichten, ihr einzig vollendetes Schriftstück. Sie fühlt sich einfach „anders“. Diese Einsicht wird ihr zur existentiellen Krise. Sie kann nur folgern, daß sie ein zu empfindsamer, lebensuntüchtiger und skrupelvoller Kleinbürger ist. In einem Brief an ihre Schwester schildert sie: „Mir steht alles fremd wie eine Mauer entgegen. Ich taste die Steine ab, keine Lücke. Was soll ich es mir länger verbergen: Keine Lücke für mich. An mir liegt es... Ich will arbeiten, Du weißt es – mit anderen, für andere. Aber meine Wirkungsmöglichkeiten sind ... schriftlicher, mittelbarer Natur ... Das alles ändert nichts, unlösbarer Widerspruch an meiner tiefen Übereinstimmung mit dieser Zeit“ (74). Sie kann nicht an der Welt, der Gesellschaft zweifeln, in der sie lebt, und das wird ihr zum Verhängnis, denn es bleibt ihr nur, an sich selbst zu zweifeln. In jener Zeit des Aufbaus und der Bevormundung von Schriftstellern durch Literaturtheoretiker ist ihre romantische, auf Verinnerlichung, Empfindsamkeit und Wahrhaftigkeit bestehende Schreibweise nicht erwünscht. Das weiß sie. Und doch, wann sollte sie schreiben? „Wann – – wenn nicht jetzt?“ (73)

Halten wir also fest: Christa T. befürwortet die neue Gesellschaft, „sah unter den Tauschangeboten keines, nach dem auch nur den Kopf zu drehen sich lohnen würde“ (55), und versucht, ihrem Hang zum Träumen eine Grenze zu setzen, indem sie teilnimmt an jenen „ausschweifenden nächtlichen Gesprächen über die Beschaffenheit des Paradieses, an dessen Schwelle wir, meistens hungrig und Holzschuhe an den Füßen, mit großer Gewißheit standen.“ (56) Die aus der Erzählgegenwart zurückblickende Erzählerin kann nur lächeln über den naiven Glauben an die Vollkommenheit, der sie alle ergriffen hatte, die offensichtliche Diskrepanz zwischen Realität und Ideal, über religiös anmutende Exerzitien, denen sie sich alle in jener Zeit unterwarfen. Sie sieht diese idealistischen Gefühle aber keinesfalls als negativ an, denn sie waren echt: „Soll den Mund verziehen, wer da will: Einmal im Leben ... soll man an Unmögliches geglaubt haben“ (56). Das Paradies jedoch läßt jahrelang auf sich warten, und das Echte wandelt sich: „Die heftigen ... Worte, die geschwungenen Fahnen, die überlauten Lieder... Sie [Christa] hat gefühlt, wie die Worte sich zu verwandeln beginnen, wenn nicht mehr guter Glaube und Ungeschick und Übereifer sie hervorschleudern, sondern Berechnung, Schläue, Anpassungstrieb“ (59). Feinfühlig erkennt sie den Wandel in der DDR-Gesellschaft der fünfziger Jahre, und sie kann diesen Wandel nicht nachvollziehen.

Obwohl sie sein will, „wie alle" und versucht, dem zunehmenden Druck nach Konformität zu entsprechen, kann sie trotz aller Selbsttäuschungsversuche nicht einfach akzeptieren, was von offizieller Seite auf allen gesellschaftlichen Ebenen, auch im Studienbereich, als erstrebenswert dargelegt wird: „Wirklichkeitshungrig saß sie in ihren Seminaren und wurde nicht satt von den Lehrmeinungen über Bücher, sah reihenweise die Dichter der Vergangenheit noch einmal ins Grab sinken, da sie nicht genügten, uns nicht. Kaltblütig ließen wir sie hinter uns in ihrer Unvollkommenheit. Christa T., angreifbar durch Liebe und Ehrfurcht, zog sie abends wieder hervor, wenn sie bis zuletzt, bis keiner mehr da war, im Seminar blieb. Die Stimmen, die tagsüber nicht mehr stritten – denn der heftige Streit der früheren Jahre war in Einstimmigkeit übergegangen, Monologe nach dem immer gleichen Textbuch wurden gehalten –, nachts kamen sie in ihr wieder auf" (61). Christa T. ist zu skeptisch gegenüber sich selbst und ihrer Umwelt, als daß sie eine standardisierte, undifferenzierte Beurteilung ohne weiteres als Wahrheit hinnehmen könnte. Sie widersetzt sich dem Anpassungsdruck nicht nur aus kritischer Aufmerksamkeit, sondern auch weil das bedeuten würde, sich festzulegen, zu wissen, mit „welcher Herde in welchen Stall man zu gehen hat" (40).[109] Sie hat Angst, ihr „könnte passieren, was gang und gäbe war: spurlos zu verschwinden" (38).

Ihre fragende, unverbindliche und doch so inhaltsreiche Antwort „Ein Mensch?"[110] auf die Frage, was sie werden wolle, wird unverstanden zurückgewiesen: „Nun, weißt du..." (40) Sie versteht, prüft und akzeptiert die Argumente wohlmeinender Kommilitonen wie Günter, der fest glaubt, daß alles Bestehende nützlich sein müsse: „...sieh mal, die Gesellschaft hat dich studieren lassen. Nun will sie eine Gegenleistung von dir sehen, das ist recht und billig, oder nicht?" (88) Recht wohl, aber nicht billig, denn der Preis ist in „fremder Währung" zu zahlen. „Daß aber ihre eigene Währung etwas galt, konnte sie nicht glauben..." (89)

In dem Nicht-glauben-Können an die Möglichkeit einer Verwirklichung ihrer Vision ist der Kern ihres Konfliktes zu suchen. Die zeitgeschichtliche Situation der im Aufbau begriffenen DDR scheint keinen Platz, und schon gar keine „Notwendigkeit" für das zu haben, was Christa T. lebensnotwendig ist: „Damals also ist sie in der Versuchung gewesen zu gehen. Da sie an der Welt nicht zweifeln konnte, blieb ihr nur der Zweifel an sich. Die Furcht, das könnte ihre Welt ein für allemal nicht sein. Die Unvermeidlichkeit des Bestehenden hat ihr angst gemacht" (75). Zu dieser Unvermeidlichkeit gehören auch Geschehnisse wie der Ungarnaufstand im Jahre 1956, die die Rolle des „eisern Gläubigen" (132) praktisch unmöglich machten.

Es ist bezeichnend, daß die Ich-Erzählerin in ihrer Stellungnahme zu jenen Geschehnissen, die im westlichen Rundfunk mit kaum unterdrücktem Hohngelächter über das Scheitern der „Utopie" kommentiert wurden, zur Wir-Erzählerin wird und sich so miteinschließt: „Wie wir unsere früheren Wahrheiten besessen hatten. Da hielten wir ein. Nichts ist so schwierig, wie die Hinwendung zu den Dingen, wie sie wirklich sind, zu den Ereignissen, wie sie wirklich passieren ... Christa T. verstand, daß sie, daß wir alle unseren Anteil an unseren Irrtümern annehmen mußten, weil wir sonst auch an unseren Wahrheiten keinen Anteil hätten" (133).

Diese realistische Einsicht ist es, die Christa T. daran hindert, der DDR den Rücken zu kehren. Für sie ist die „Republikflucht" keine echte Alternative, wie die folgenden, an die Bibelsprache erinnernden Worte erkennen lassen: „Wenn sie ihren Namen aufrufen hörte: ‚Christa T.!', dann stand sie auf und ging hin und tat, was von ihr erwartet wurde ..." Allerdings wirkt sich das Verweilen in der DDR unter den gegebenen Bedingungen für sie destruktiv aus, und obwohl die Erzählerin betont, daß „kein Verfahren" stattfindet über jene Zeit, „kein Urteil" (vgl. 59) gesprochen wird, kommt der Leser nicht umhin, ein solches zu fällen, und der Text erlaubt kaum ein positives.

3.3.4
Liebe und Ehe

„Was fehlt der Welt zu ihrer Vollkommenheit? Zunächst und für eine ganze Weile dies: die vollkommene Liebe" (64). Davon ist Christa T. überzeugt, und danach sucht sie ihr Leben lang. Auch in der Liebe ist es nicht das Mittelmäßige, Durchschnittliche, nach dem sie strebt, sondern das Vollkommene, das Absolute. Und in diesem romantischen, „unzeitgemäßen" (vgl. 65) Verlangen muß sie scheitern. In der Suche nach vollkommener Liebe läßt sich eine Parallele zu ihrem lebenslangen Bemühen um die

Verwirklichung ihrer Vision erkennen. Christa T. ist dem anderen Geschlecht keinesfalls abgeneigt, zögert aber bis zu ihrer Ehe, sich festzulegen, ein Versprechen einzugehen. Dahinter verbirgt sich „ein Muster“ für Christa T.: „...hinter sich lassen, was man zu gut kennt, was keine Herausforderung mehr darstellt. Neugierig bleiben auf die anderen Erfahrungen. Letzten Endes auf sich selbst in den neuen Umständen“ (46). Sie will das Leben in all seinen Manifestationen erfahren, einerseits zur Selbsterkenntnis, andererseits um Erfahrungen, Verständnis und Wissen zu sammeln für das, was sie vorhat. Bei ihrem ersten körperlichen Liebeserlebnis mit dem Lehrer aus dem Nachbarort, wie in allen folgenden, ist sie es, die die Initiative ergreift: „Bloß sie hat es sein müssen, die wählte, hier und immer“ (46). Christa T. wird als emanzipierte Frau dargestellt. Sie wählt dieses Liebeserlebnis, obwohl sie weiß, daß aus dem Verhältnis nichts werden kann, daß sie sich nicht an einen Menschen binden kann, der keine „Unruhe“[111] in sich spürt wie sie, der bereit ist, „für immer“ (43) in dem kleinen Nachbardorf zu bleiben, selbst in den Ferien. Sich so festlegen, ein Leben ohne Herausforderung zu verbringen, ist ihr unmöglich. Und so bleibt das Verhältnis eine „Sommerliebe“ (42), an die sie nicht ohne Melancholie und Schmerz zurückdenken kann.

In der Stadt beim Studium bleibt sie lange allein, lebt ein recht asketisches Dasein bei der Dame Schmidt, wo rigoros festgelegt ist, wann „jeder ihrer Untermieter zu Hause zu sein hat, allein, versteht sich ...“ (47) In dieser Umgebung nährt sie weiter den „gefährlichen Wunsch nach reiner, schrecklicher Vollkommenheit“ (145) und überträgt dieses Verlangen auch auf ihre Suche nach vollkommener Liebe. In ihrem Verhältnis mit Kostja verstrickt sie sich in ein Abenteuer, dem sie sich ohne Vorbehalt hingibt.

Der Mann jedoch, mit dem sprechenden Namen Kostja – er ist in bezug auf das andere Geschlecht durchaus kein „Kostverächter“ –, bedarf selbst der Emanzipation. Er verweigert sich ihrer Hingabe, benutzt seine „Moral als Waffe, seine Keuschheit als Panzer“. Christa T. durchschaut sein Spiel, liebt es jedoch und gibt vor, selbst zu spielen: „Wenn ich spiele – was kümmert's dich?“ (65) Kostja benutzt seinen Don-Juanismus, um seine Eitelkeit zu bestätigen und seine Liebesunfähigkeit zu verdecken.[112] Christa T., in ihrer Verwundbarkeit aus Liebe, nimmt alles in

Kauf, selbst das Dreiecksverhältnis mit der blonden Inge, die Kostja dem Freund Günter „im Vorbeigehen" (69) wegnimmt. „Man würde in Zukunft zu dritt sein. Daran war nichts zu ändern. Sie liebte, er hatte sie in der Hand. Besser gleich den Sprung tun als viele kleine schmerzhafte Schritte: Kleine Schwester, sagte sie leise, und zum erstenmal sah sie in seinen Augen etwas wie Bewunderung" (67).

Der Kontrast zwischen der reifen, verständnisvollen emanzipierten Frau und dem unreifen egoistischen, zu echter Liebe unfähigen Mann ist charakteristisch für Christa Wolfs Einschätzung der Frauenfrage im allgemeinen. Wir stimmen mit Dagmar Ploetz überein, die feststellt, daß Christa Wolf „keine Feministin" ist, „auch wenn sie eine gewisse Sympathie für feministische Bewegungen nicht leugnet"[113]. In der Tat sieht die Autorin die Welt nicht gespalten in weibliches und männliches Prinzip, sondern sucht immer den Menschen hinter dem Geschlecht. Dabei sieht sie den Mann als mindestens ebenso emanzipierungsbedürftig wie die Frau.[114]

Im Zusammenhang mit Günter wird auch die Frage über die Rolle der Liebe im Sozialismus erörtert. Der Konflikt zwischen persönlichen und gesellschaftlichen Motiven wird klar, wenn Günter in seiner Interpretation von Schillers *Kabale und Liebe* „für die Tragödie in der modernen Liebe stritt". Damit ist er dem „Subjektivismus" verfallen, und alle, auch die Erzählerin, sind sich in der Aburteilung einig: „... bürgerlich. Unglückliche Liebe sei, in der neuen Gesellschaft, kein Grund mehr, sich umzubringen" (70). Hier knüpft Christa Wolf also an die Problematik von *Der geteilte Himmel* an, in dem Rita ja auch der geliebte Mann durch die Verführung des Westens weggenommen wird und sie dann einen Selbstmordversuch begeht. Es ist also recht klar, wo die Sympathien der Autorin liegen. Die subjektiven, tief emotionalen, privaten Probleme des Menschen sind eben nicht ohne weiteres durch Umwälzung der Produktionsverhältnisse zu lösen und stellen gerade darum ein so wichtiges Thema der Literatur. In *Nachdenken über Christa T.* ist die krasseste Ausprägung dieser Art der ungelösten und vielleicht unlösbaren Probleme des Privatbereichs in der Diskussion über die von ihrem eigenen Mann vergewaltigte Straßenbahnschaffnerin zu finden. Die Frau, die mit ihrer dritten Abtreibung im Krankenhaus liegt, ist nicht bereit, etwas gegen ihren Mann zu unternehmen. Die Gründe dafür werden verschwiegen. Auch sie mag durch Liebe verwundbar sein. Der Erzählerin und Christa T. bleiben nur Erbitterung: „Allen soll geholfen werden, gleich. Dann sieht man diese Frau da liegen, der nicht zu helfen ist, und kommt sich wortbrüchig vor" (130).

Christa T.'s Ehe mit dem Tierarzt Justus ist ein weiterer Schritt und Versuch, das Leben in allen Phasen voll zu leben, und es ist zu betonen, daß sie das Leben intensiv und bewußt lebt[115] –, was jenen DDR-Interpretationsansätzen widerspricht, die bei Christa T. primär einen Rückzug in die „Innerlichkeit" (vgl. 2.9) sehen. Nach ihrem Entschluß zur Ehe nimmt sie den „Vorteil wahr, eine Frau zu sein", und die Erzählerin fügt noch erstaunt hinzu: „Damals muß sie sich verändert haben" (122), denn sie schuf sich noch mal neu, von Grund auf, für Justus, das war beileibe keine Mühe, sondern das größte irdische Vergnügen, das ihr je untergekommen war. Nichts konnte so banal sein, daß sich nicht wenigstens ein Spaß daraus ziehen ließ, manchmal aber eine wirkliche Freude..." (123) Dieses Glück ist echt und muß als Versuch gewertet werden, einen neuen Lebenssinn zu finden.

Von Dauer ist dieses Glück nicht. Sie ist die Ehe mit Justus nicht ohne tiefe Zweifel und Vorbehalte eingegangen. Der wahrsagende Generaloberst a.D. hat sie z.B. gewarnt: „Diese Ehe ... solle sie lieber lassen, sie bringe mit Sicherheit Kummer: Eifersucht, den Abbruch beruflicher Entwicklungen ..." (85) Auch das Kostümfest aus der Zeit vor der Ehe, auf dem sie als Sophie la Roche verkleidet erscheint – als jene moralische Schriftstellerin der Empfindsamkeit, wider Willen ans Landleben gefesselt – zeugt davon, daß sie weiß, was sie mit der Ehe auf sich lädt. Wie sonst könnte man dies interpretieren, fragt sich rückblickend die Erzählerin. Denn nicht nur die La Roche ist gemeint, sondern das Schicksal des Fräulein von Sternheim, aus deren Briefroman,[116] so versichert Christa T. der Freundin: „Verführung? Intrigen? Falsche Ehe mit diesem Schurken von Derby? Das traurige Landleben in der englischen Provinz? Und um Gottes willen, Tugendhaftigkeit? Genau das, sagte Christa T. Und zum Lohn für alles Lord Seymour, das Ende vom Lied" (119).

Ob sie es ernst gemeint hat oder nicht, wenn sie behauptet, daß Justus diesen Lord Seymour darstelle, ist hier zweitrangig. Wichtig ist, daß Christa T. mit vollem Bewußtsein dessen, was sie erwartet, die Bindung zu Justus eingeht: „Kinder zur Welt bringen, alle Mühen auf sich nehmen ... Tausend Mahlzeiten zubereiten, immer aufs neue die Wäsche in Ordnung bringen. Die Haare so tragen, daß sie dem Mann gefallen, lächeln, wenn er es braucht, zur Liebe bereit sein." Das typische Frauendasein also, sie will es. Und warum? Bedeutet eine solche Existenz nicht den Abbruch der Bedingungen, zu denen sie „berufen" war? Natürlich weiß Christa T. um diese Gefahr, und trotzdem sucht sie sie, und zwar als Schutz. Daher zieht sie sich wie Theodor Storm und Sophie la Roche zurück aufs Land, in die Provinz, denn sie will „Dämme bauen gegen unmäßige Ansprüche, phantastische Wünsche, ausschweifende Träume" (122). Allerdings gibt sie damit keinesfalls ihre Hoffnung für sich selbst auf, die der General – oder war sie es selbst? – in Worte gefaßt hatte: „Sie werden bekannt werden. Ich scheue das Wort nicht: berühmt. Wie ich sehe, zielt doch alles auf etwas Schöpferisches hin. Ein Werk? Musik vielleicht? Doch wohl nicht. Literarisch eher" (85).

Auch jener Inder Klingsohr[117] auf der Buchmesse hatte dies im Traum noch expliziter bestätigt und sie „Dichter" genannt (vgl. 58). Sie hat es nicht vergessen, und der Konflikt zwischen dieser Vision und den realen Ansprüchen der Ehe, des Mannes und der Kinder, entwickelt sich allmählich zu einer existentiellen Krise. Die Ahnung und Angst, daß sie sich etwas vormacht, „daß sie nicht schreiben könne, daß es ihr versagt sein werde, je in Worte zu fassen, was sie erfüllte" (116), ein Problem, dem sie paradoxerweise durch die Ehe zu begegnen hoffte,[118] bewahrheitet sich allmählich immer mehr. Der Hausbau stellt einen Versuch dar, ihre innere Unruhe zu bewältigen. Sie sieht darin „eine Art Instrument, das sie benutzen wollte, um sich inniger mit dem Leben zu verbinden" (151), um an dem kleinen vorgesehenen Arbeitsplatz ihre „verfluchte Trägheit" (152), wie sie ihr Nicht-Schreiben nennt, zu überwinden. Hierfür findet sie bei denen, die ihr nahestehen, wenig Verständnis (vgl. 149).

Christa T.'s Optimismus, daß das Haus ihr helfen könnte, „sich auszugraben" (vgl. 149),[119] weicht sehr bald einer neuen Hoffnungslosigkeit, in der sie all ihre Aktivitäten in Frage stellt: „Zum erstenmal fragte sie sich, was in aller Welt sie mit diesem Haus wollte, was sie sich denn immer noch einredete, was sie aus diesem halbverpfuschten Leben denn noch machen wollte. Sie hatte alles vergessen, nichts Tröstliches oder Ermutigendes fiel ihr ein" (155). Aber sie hat noch nicht aufgegeben, sieht ihr Leben nur als „halbverpfuscht" und sucht verzweifelt nach einem Mittel, der Sackgasse zu entkommen. Umsonst: „All ihre Versuche, den toten Kreis zu verlassen, der sich um sie gebildet hatte, kamen in schrecklichem Gleichmut nur immer wieder zu ihr zurück. Sie spürte, wie ihr unaufhaltsam das Geheimnis verloren ging, das sie lebensfähig machte: das Bewußtsein dessen, wer sie wirklich war. Sie sah sich in eine unendliche Menge von tödlichen banalen Handlungen und Phrasen aufgelöst" (156).

Die Affäre mit dem jungen Förster muß so als verzweifelter Versuch gewertet werden, eben jenen „toten Kreis" zu durchbrechen. Wieder ist sie es, die die Initiative ergreift, und er reagiert „ganz unverfälscht" (154). Durch das Spontane, Natürliche dieses jungen Mannes erhofft sie sich neuen „Sinn in ihren Sinnen" (156). In einer Zeit, in der alle um sie herum ihr fremd werden und diese Entfremdung sie selbst einschließt, ist dies ein Ventil für ihre unverbrauchten Gefühle, die anfangen, sie zu vergiften (vgl. 155). Die Erzählerin wertet es als Beweis, daß Christa T. sich eben nicht mit den Gegebenheiten abfinden will, als letzten desperaten Versuch, durch Liebe Erfüllung ihrer Sehnsucht zu finden, gleichzeitig aber auch als letztes Beispiel für jene Neugier auf andere Erfahrungen und auf die eigene Reaktion, das eigene Selbst: „Woll'n doch mal mein Gesicht sehen, wenn noch einmal alles in Frage steht" (157). Auch diese letzte Liebesbegegnung in tiefster Lebenskrise ist also, wie all ihre Lieben, auch ein Versuch, zu sich selber zu finden.

3.3.5
Wahrheit, Gewissen, Phantasie

Sieht Christa T. in der Liebe eine notwendige Voraussetzung für die Vervollkommnung der Welt, ein erstrebenswertes, aber kaum erreichbares Ziel, so erachtet sie für das Überleben der Menschheit zwei Dinge für absolut notwendig: Gewissen und Phantasie (vgl. 171). Diese müssen erhalten werden, darin darf man keine Abstriche machen. Ihre Gestaltung durch Schreiben erachtet sie als erfüllende Lebensaufgabe, und das entspricht Christa Wolfs zentralem Anliegen: „Mich interessiert die Entwicklung, die die

Menschheit heute nimmt, um sich ihr Überleben zu sichern, und möglichst mehr als das Überleben. Die Spannungen, die zwischen sozialen Gruppen und einzelnen in diesem Prozeß entstehen. Wie man sie endlich zur Produktion von Menschlichkeit verwenden kann und nicht zur Zerstörung“[120]. Menschlichkeit durch Literatur zu entwickeln, darin sieht auch Christa T. die Möglichkeit eines Beitrags, denn echte Literatur ist lebensnotwendig, besonders in einem Zeitalter, welches durch Wissenschaft und Technik geprägt ist, in dem der „stromförmige Mensch“ konstruiert wird, der fähig ist, sich allen Anforderungen der Zivilisation anzupassen.[121] Christa Wolf betont dies in *Lesen und Schreiben*, indem sie sich vorstellt, was es bedeuten würde, ohne Literatur aufgewachsen zu sein: „Arm, ausgeplündert und ungefeit trete ich in mein zehntes Jahr. Brennende Tränen sind ungeweint geblieben ... Meine Moral ist nicht entwickelt, ich leide an geistiger Auszehrung, meine Phantasie ist verkümmert. Vergleichen, urteilen fällt mir schwer. Schön und häßlich, gut und böse sind schwankende, unsichere Begriffe. Es steht schlecht um mich“[122]. Moralität und Phantasie entwickeln, indem sie in das „innerste Innere“ des Menschen vordringt, „dorthin, wo der Kern der Persönlichkeit sich bildet und festigt“[123], das kann, nach Christa Wolfs Auffassung, Literatur und besonders Prosa leisten. Dafür bringt Christa T. den dringenden Wunsch nach unkorrupter Ehrlichkeit vor, eine Eigenschaft, die die Erzählerin mit „süchtig nach Aufrichtigkeit“ (171) umschreibt.

Ihr ganzes Leben lang läßt sie jene Wahrheitssucht nach dem Echten, Ehrlichen, Gewissenhaften „suchen“. Sie durchschaut den Wandel in den Parolen von ehrlicher Begeisterung zu berechnendem Mitmachen und muß sich distanzieren. An der Universität kann sie nicht ohne weiteres die Dichter der Vergangenheit als unvollkommen, „bürgerlich“, und der neuen Zeit nicht würdig abkanzeln, nur weil das gerade der Kulturpolitik entspricht. Sie ist entsetzt über „gewisse Spielregeln des praktischen Lebens“, die sie bei ihren Schülern entdeckt, die sich eben auch aus Berechnung anpassen. Sie ist erzürnt, als sie merkt, daß die ganze Klasse lügt, als sie über folgendes Pflichtthema einen Aufsatz schreibt: „Bin ich zu jung, meinen Beitrag für die Entwicklung der sozialistischen Gesellschaft zu leisten?“ (100) Besonders der Schüler Hammurabi[124] – sein Name deutet auf die repräsentative Funktion einer neuen gesellschaftlichen Gesetzlichkeit – beschreibt in den glühendsten Farben, was man als Mitglied eines Jugendverbandes alles für die Gesellschaft tun kann. Seine Antwort auf Christa T.'s Hinweis, daß er doch kein Mitglied sei, ist trocken und undurchsichtig: „Ich bin's nicht ... Aber ich könnt's ja sein, nicht?" (103)

Als besonders schockierend empfindet Christa T. die Tatsache, daß ihre Klasse ihren Zorn durchaus versteht, aber „als Zorn einer Unerfahrenen" nimmt. Selbst der Direktor, bei dem sie sich beschwert, kann nur lächeln; er hat einst solche Gefühle des Idealismus gehabt und empfindet jetzt nur etwas wie Mitleid vermischt mit Neid: „Keine Kompromisse, die Wahrheit und nichts als die Wahrheit... Das alles lag hinter ihm." Der Kommentar der Erzählerin spricht für sich: „Sonst lebe er gar nicht mehr, oder er säße nicht hier" (106). Klarer kann der geforderte Anpassungszwang der Gesellschaft nicht ausgesprochen werden, denn er bedeutet Zwang zur Unehrlichkeit, zur Doppelmoral. Dabei bleibt das Problem, das in der Begegnung zwischen dem Schuldirektor und Christa T. zur Debatte steht, keineswegs ein Einzelfall: „In dieser Szene ist sie austauschbar gegen eine Menge Personen ihres Alters." (107)

Wie sehr dieser Schüler Hammurabi Christa T. beschäftigt, davon zeugt das Vorhandensein der aus zwölf Blättern bestehenden „Krötengeschichte" (107). Für fünf Mark achtzig ist dieser Schüler in der Lage gewesen, einer lebendigen Kröte mit seinen „gesunden, blendendweißen" (109) Zähnen den Kopf abzubeißen. Was für ein Junge ist Wilhelm Gerlach, oder Hammurabi, der so etwas tun kann, ohne in irgendeiner Weise davon betroffen zu sein, der über jeden Zweifel erhaben ist? Nun, er ist einer der fleißigsten, „fleißig und roh", und wie die Erzählerin warnend hinzufügt: „Wenn wir uns bloß nicht täuschen lassen von seiner Tüchtigkeit! Denn – wohin würde das führen?" (111)

Bezeichnend ist die Besorgnis, die die Erzählerin und Autorin durch diese Geschichte erkennen läßt und implizit dem Leser suggeriert, denn solche Menschen sind in der Gesellschaft die erfolgreichen, die keine Zweifel oder Skrupel haben, sich robust und fleißig den Realitäten anpassen. Gerade sie schaffen es, in die begehrtesten Positionen einzusteigen, wie Hammurabi, den Christa T. sieben Jahre später als Arzt wieder trifft, mit schöner und eleganter Braut und „zufrieden" (111). Durch allzu unpraktische Aufforderungen, wie Goethes „Edel sei der Mensch", läßt er sich nicht mehr in Verlegenheit bringen: „Sie haben mich nicht mehr unter ihrer moralischen Fuchtel... Was könnte denn, vom ärztlichen Standpunkt, aus einer Programmierung der Jugend mit einer hochgestochenen Moral, aus dem Zusammenstoß dieser Moral mit den Realitäten des Lebens, die *immer* stärker sind ... herauskommen? Komplexe bestenfalls. Die deutschen Erzieher haben schon immer an den Realitäten rütteln wollen, immer vergebens. Anstatt daß sie mal dran gingen, die Realität zum Maßstab zu nehmen ... ihren Schülern seelische Robustheit mit auf den Weg zu geben ..." (112)

Im bedenkenlosen Anpassen an die „Realitäten" sieht er, als Arzt, den „Kern der Gesundheit", und Christa T. wird sich klar, was es eigentlich mit Gorkis „halbphantastischer Existenz der Menschen" auf sich hat: „Unsere moralische Existenz ist es, nichts anderes. Und die ist allerdings sonderbar genug. Phantastisch sogar" (114). Diese moralische Seite des Daseins unterdrükken, das ist es, was der ehemalige Schüler Hammurabi unter „seelischer Robustheit" versteht, und er sieht nur ein Mittel zum Überleben der Menschheit: „Anpassung. Anpassung um jeden Preis" (112). Das aber heißt, seine moralische Existenz aufgeben, denn Anpassung bedeutet auch, „nicht verantwortlich" sein „für irgend etwas, was es auch sei..." (114) Welch ein Kontrast zu Christa T.s Überzeugung von der Unentbehrlichkeit des Gewissens und der Phantasie.

Die Kritik an der Doppelmoral im Erziehungssystem, welches gerade solche Menschen, die jegliche Verantwortung ablehnen, in die verantwortungsvollsten Berufe aufsteigen läßt – ja, vielleicht nur ihnen echte Möglichkeiten gibt – ist offensichtlich. Aber auch in anderen Bereichen des Lebens gilt eine ähnliche Einstellung oft als Voraussetzung für Erfolg. In der Kontrastfigur zu Christa T., dem Schriftsteller Blasing, wird dies klar zum Ausdruck gebracht. Auf die Frage nach dem, was er als unerläßlich für den Fortbestand der Menschheit ansieht, antwortet er „... die Ausnutzung aller Energiequellen der Erde" (171). Auch er ist bereit, sich anzupassen, auch er ist, wie Hammurabi, erfolgreich, auch er empfindet keinerlei Gewissensbisse oder eine Verantwortung für das, was er tut. Blasing tut, was Christa T. eben nicht möglich ist: er schreibt, was erwünscht ist, und avanciert so zum erfolgreichen Literaten. Er macht aus dem Schreiben eine Karriere, zieht nach Berlin und produziert eine Ware. Blasing weiß um die Bedeutung der Verwendbarkeit, die Beispielhaftigkeit seiner Geschichten: „Ein Mann wie Blasing hat diesen Betrug von Grund auf durchschaut. Er weiß, es lohnt sich nicht, jedesmal wieder mit sich selbst zu bezahlen. Er kann nur jedem raten, Falschgeld in Umlauf zu geben... Beweisen kann dir keiner was ... falsche Liebe, falschen Haß, falsche Anteilnahme und falsche Teilnahmslosigkeit" (147). Wie Christa T.'s Schüler schreibt er skrupellos in Hinblick auf den eigenen Vorteil, ohne ein Gefühl von persönlich-individueller Verantwortung, ohne Gewissen.

Entscheidend für Christa T., und sicherlich auch für die Autorin, ist die Verbindung von Phantasie und Gewissen, denn Phantasie haben auch jene Schüler mit ihren erlogenen Aufsätzen und Blasing mit seinen so erfolgreichen Geschichten. Das jedoch ist ein Mißbrauch der schöpferischen Kraft im Menschen. Phantasie ohne persönliche Verantwortung, ohne Gewissen, kann eben nicht leisten, was echte Literatur tun muß, nämlich „in jene noch unerforschte Gegend vordringen, in der die Struktur der moralischen Welt gesellschaftlich lebender Menschen in Frage steht"[125]. Nur so kann das „innerste Innere" des Lesers erreicht werden, und nur so kann im Sinne von Christa Wolf ein „Beitrag zur Entwicklung der Gesellschaft" geleistet werden. Christa T., davon ist die Erzählerin überzeugt, hat die notwendigen Voraussetzungen, die Kombination von „Phantasie und Gewissen", um die Bedeutung der neuen Welt so zu interpretieren, wie sie sich hinter den realen Erscheinungen manifestiert: „Christa T., sehr früh, wenn man es heute bedenkt, fing an, sich zu fragen, was denn das heißt: Veränderung. Die neuen Worte? Das neue Haus? Maschinen, größere Felder? Der neue Mensch?" (59f.) Das Bewußtsein jedoch, daß solche Fragen nicht gestattet sind und ihr Unvermögen, wie Blasing das zu schreiben, was erwünscht ist, wird ihr zur Lebenskrise, an der sie zugrunde gehen soll.

3.3.6
Krankheit und Tod

„In den letzten Jahren haben wir sie nie anders als müde gesehen", schreibt die Erzählerin und glaubt, retrospektiv einer Schlußfolgerung sicher zu sein: „Niemals kann man durch das, was man tut, so müde werden wie durch das, was man nicht tut oder nicht tun kann" (138). Der innere Konflikt zwischen diesem Tun-Wollen und Nicht-tun-Können läßt Christa T. fast immer mehr verstummen, ohne echtes Ventil, ihren inneren Druck zu entlasten: „Da hat sie sich auf Zeichen, fast wortlose Klagen verlegt: Ein Kind. Später leben. Ach, tüchtig sein. Festhalten. Durchkommen..." (75). Schon vor ihrer Heirat, während ihres Studiums, nimmt ihre Lebenskrise sehr ernste Formen an, so daß sie sich krank schreiben läßt. Der Arzt, der ihr das Attest ausschreibt, hätte in seiner Gleichmütigkeit und seinem Rat an sie ihr ehemaliger Schüler Hammurabi sein können: „Von Krankheit kann man immer sprechen. Todeswunsch als Krankheit. Neurose als mangelnde Anpassungsfähigkeit... Am besten, mein Fräulein, Sie kommen zu mir in die Therapie. Sie werden begreifen müssen, worauf es ankommt. Bei Ihrer Intelligenz... Sie werden sich anpassen lernen" (76f.). Anpassen lernen, ihre moralische Existenz aufgeben, das kann sie eben nicht.

All ihre Unternehmen, ihre Heirat, ihre Kinder, ihr Hausbau, ihre Affaire mit dem Förster, sind von nun an Versuche, ein positives Dasein zu gestalten: „Ein Leben mit anderen Gestrandeten würde ich nicht führen, das ist das einzige, was ich sicher weiß. Ehrenvoller, ehrlicher ist immer noch der andere Weg. Auch stärker" (75). Der andere Weg deutet auf Selbstmord, „Todeswunsch als Krankheit" hatte der Arzt durchaus richtig diagnostiziert. Auch ihre Müdigkeit ist eine weitere Manifestation. Je mehr sie mit ihrem Konflikt kämpft, um so müder wird sie. In einem Brief an die Schwester schildert sie ihre Verfassung: „Mir steht alles fremd wie eine Mauer entgegen. Ich taste die Steine ab ... keine Lücke für mich. An mir liegt es. Ich bin es, der die notwendige Konsequenz fehlt. Ich weiß nicht, wozu ich da bin ... Ich erkenne alles, was falsch an mir ist, aber es bleibt doch mein Ich, ich reiß' es doch nicht aus mir heraus! Und doch. Einen Weg kenn' ich, den ganzen Jammer auf einmal und von Grund auf loszuwerden … Ich kann meine Gedanken nicht mehr davon losmachen" (74).

Der konjunktive Satz über Theodor Storm trifft für sie im Indikativ zu: „Der Widerspruch, in dem er lebte, hätte ihn zerreißen sollen" (96). Sie ist eben nicht in der Lage, wie jener, „der letzten geistigen Konsequenz aus dem Wege zu gehen". Sie bleibt eben nicht „vergleichsweise heil". Sie spricht nicht aus, indem sie gestaltet, indem sie beschreibt, was ihr „empfindsames Gemüt" verletzt, sondern „bei ihr gewinnen die Konflikte ihre volle Höhe und Schärfe". Sie versucht immer wieder, zwischen den selbstgewählten Verpflichtungen – entweder „tragisch zu enden oder sich der vollen Lebensleistung" zu stellen – die letztere zu wählen. Sie will glücklich sein, denn alles andere betrachtet sie als „Schwäche" (99). Besonders ihre Heirat, ihr Versuch, sich völlig neu zu schaffen, sich ganz auf ihren Mann, ihre Kinder und Pflichten einzustellen, muß so gewertet werden, als ein Versuch, „tüchtig" (75) zu sein.

Auf die Dauer gelingt es ihr jedoch nicht, ihren „unheilbaren Hang zum Aufschreiben" (87) zu verdrängen: Wann, wenn nicht jetzt, sollte sie schreiben? Die sich wiederholende leitmotivische Frage der Erzählerin wird zur immer dringenderen Aufforderung. Tatsächlich schreibt sie flüchtig, als wollte sie es selbst nicht wahrhaben, auf „Zettelabfälle vom Schreibtisch ihres Mannes", und die Zettel in ihrem Schreibfach häufen sich. „Diese Notizen – nichts als Versprechen an sich selbst" (141), kommentiert die Erzählerin. Sie kann eben nur „ganz oder gar nicht sagen" (145). Und da bleibt es beim Gar-nichts-Sagen, denn in ihrer eigenen überkritischen Bewertung sind all ihre Versuche nur „Halbheiten, Stümpereien … vertane Zeit" (145). Das Bewußtsein ungenutzter Zeit erhöht dabei ihre innere Spannung zu einer Krise, an der sie zu zerbrechen, die sie zu zerreißen droht, wobei die immer größere Müdigkeit als symbolisch für ein Resignieren und eine Apathie angesehen werden muß.

Ihre Krankheit ist eine seelische, ähnlich wie in Büchners Novelle *Lenz*, die Christa Wolf als ihr „Urerlebnis in der deutschen Literatur"[126] bezeichnet hat. Die Leukämie stellt nur die physische Krankheit dar, deren tieferer Grund seelische Zerrissenheit ist. Dabei bleibt durchaus unklar, wie sich die physische Krankheit zur seelischen verhält, wie z. B. in der herausfordernd rhetorischen Frage Gertrud Dollings anklingt: „Oder denkst du, daß sie an dieser Krankheit gestorben ist?“ (54) Die Antwort bleibt dem dialektischen Denkprozeß des impliziten Lesers überlassen, bleibt also offen; suggeriert wird jedoch, daß eine direkte Relation zwischen Ursache und Wirkung nicht ausgeschlossen werden kann.

Christa T.'s Todeswunsch ändert sich erst, als sie mit der Gewißheit eines baldigen Todes konfrontiert wird. Da bäumt sie sich gegen ihre Krankheit auf: „Ich habe das Wichtigste noch vor mir“ (177), erwidert sie dem Arzt, der ihr tröstend einreden will, daß der Mensch mit dreißig Jahren alles wirklich Wichtige hinter sich habe... Erst im Angesicht des Todes findet sie den Willen zum Leben wieder. Nun wird ihr bewußt, daß der Tod die endgültige Nichterfüllung ihrer Vision bedeutet: „Ich will leben und muß sterben. Ich. Das kann nicht nur, es *wird* verlorengehen“ (176). Todesangst wird bei ihr zur Angst um ihr wahres Selbst. Jetzt kann sie plötzlich in der ersten Person denken, sie, die immer Schwierigkeiten hatte, „ich“ zu sagen (vgl. 173). Durch die Gewißheit des Todes kann sie alle Hindernisse überwinden und sich zu einer neuen Freiheit durchringen. Jetzt kann sie alle Selbstzweifel abstreifen: „Ich, denkt Christa T. nüchtern ... jetzt weiß sie auch, was das ist“ (176). Die Konfrontation mit dem Tod beinhaltet eine solche „Erschütterung“, von der Christa Wolf in ihrem Gespräch mit Hans Kaufmann spricht, die die Barrieren durchbricht, die Christa T. einengten, und die nun „einen Zwang zum Schreiben auslösten“[127].

Tatsächlich glückt ihr ein Gedicht. „Endlich“ (180), schreibt sie dazu an den Rand. Endlich, im Angesicht des Todes, gelingt ihr der Durchbruch zum Schreiben. Jedoch zu spät. Die physische Krankheit hat nun schon zu sehr Besitz von ihr ergriffen. Christa T. erkennt dies, und wenn sie sich „wild weinend über ihr Bett wirft“, glaubt die Erzählerin zu wissen, warum: „Ach, sie hat wohl gewußt, daß es schade um sie war. Sie hat wohl Respekt vor sich bekommen und auch Respekt vor der Kraft, die gegen sie war“ (178). Der Respekt vor sich selbst ist gleichzusetzen mit Selbstvertrauen und Erkenntnis ihres echten Potentials als Schriftstellerin. Ihr bevorstehender Tod veranlaßt die Erzählerin zu der trauernden Schlußfolgerung: „Wenn ich sie erfinden müßte – verändern würde ich sie nicht. Ich würde sie leben lassen, unter uns, die sie, bewußt wie wenige, zu Mitlebenden gewählt hatte.

Würde sie an dem Schreibpult sitzen lassen... die Erfahrungen aufzeichnend, die die Tatsachen des wirklichen Lebens in ihr hinterlassen haben“ (173). Aber auch eine positive Note ist wahrnehmbar. Christa T. erkennt, daß die Zeiten sich ändern: „Es beginnt, was sie so schmerzhaft vermißt hatte: daß wir uns selber sehen; deutlich fühlt sie, wie die Zeit für sie arbeitet, und muß sich doch sagen: Ich bin zu früh geboren. Denn sie weiß: Nicht mehr lange wird an dieser Krankheit gestorben werden“ (180).

Obwohl Christa T. physisch stirbt, bleibt doch ein Teil von ihr, vielleicht der wichtigste, erhalten. „Fast wäre sie wirklich gestorben“, heißt es im Prolog, aber sie kann leben, weil sie im Bewußtsein der Erzählerin nicht gestorben ist, weil sie diese zum Schreiben gezwungen hat – und zwar über sie und ihre Zeit. Die Erzählerin kann sich dem Gefühl nicht entziehen, daß Christa T. dies bewußt eingefädelt hat. Christa T. hat die Kraft zu sagen: „Noch nicht“, denn die Zeit ist noch nicht reif für ihr feinfühliges, wahrheitssüchtiges Werk. Sie überläßt es der Freundin zu gestalten, was ihr nicht möglich war: „Und was in der einen unmöglich ist, gelingt in der anderen.“ Einer zukünftigen Zeit bleibt es so überlassen, sie als Beispiel zu sehen, und zwar im Sinne von jener Zeile aus ihrem letzten Gedicht: „Nie mehr gescheh, was da geschah“ (180). Die Nichtverwirklichung ihrer Vision durch den physischen Tod bedeutet einen unwiederbringbaren Verlust, einen Verlust an „Humanisierung“ durch schöpferisches Schreiben und Phantasie, durch die Gestaltung von Liebe, Wahrhaftigkeit und Gewissen. Darüber läßt die Erzählerin schließlich keinen Zweifel: „Man wünscht nur, was man kann. So bürgt ihr tiefer und dauerhafter Wunsch für die geheime Existenz ihres Werkes: *Dieser lange, nicht enden wollende Weg zu sich selbst*“ (173).

3.3.7
Erzählvorgang als Thema

In der Diskussion des impliziten Lesers (vgl. 3.2.6) wurde schon die Bedeutung des Lesers für die Textstruktur betont. Bezeichnend für *Nachdenken über Christa T.* ist darüber hinaus, daß die Probleme, mit denen die Erzählfigur – und damit implizit die Autorin – während des Erzählprozesses konfrontiert wird, zu einem wichtigen Thema des Romans werden. Dies wiederum trägt zu dem dialektischen Spannungsfeld des impliziten Lesers bei, indem es neben der Hinterlassenschaft einen weiteren Realitätsbezug gibt, der mit der bewußt gestalteten Fiktion des Buches kontrastiert wird. Auf diese Weise erfährt der Leser – oft beiläufig und keinesfalls auf systematische Weise –, wann die Erzählerin sich auf wirkliche Geschehnisse bezieht und wann sie sie erfindet. Dabei wird betont, daß sie erfinden muß, weil die Gestalt der Christa T. und vor allem ihre Zeit ohne Fiktion nicht erfaßt werden kann. Daher jene unmißverständlichen Worte: „Ich ... bekenne mich zur Freiheit und Pflicht des Erfindens" (49), Worte, die allerdings durch die Pflicht zu einem wahrheitsgetreuen Realitätsbezug modifiziert werden: „Ach, hätte ich die schöne freie Wahl erfundener Eindeutigkeit" (48).

Der Leser wird darauf hingewiesen, daß die Erzählerin sich wohl frei fühlt zu erfinden, aber nur insoweit, wie für die Gestaltung der Wahrheit, des Essentiellen der Christa T. notwendig ist, und ohne von der Realität abzuweichen. Damit darf auch das Negative, zeitgeschichtlich Problematische nicht ignoriert oder modifiziert werden; sie dürfen dem Leser nicht vorenthalten werden, was z.B. einen Satz erklärt wie „Ganz gerne hätte ich den Brief ausgelassen, oder wenigstens gemildert..." (75).

Auch die Zweifel an den Sprachmöglichkeiten im Hinblick auf ihr Anliegen werden thematisiert und laufen parallel zu denen von Christa T... Aussagen über Christa T. können so gleichsam Selbstbekenntnisse der Erzählerin werden: „Sie muß frühzeitig Kenntnis bekommen haben von unserer Unfähigkeit, die Dinge so zu sagen, wie sie sind" (38). Diese Zweifel an der eigenen Fähigkeit tauchen auch bei der Erzählerin immer wieder auf: „während all dem gewinnt ein altes Mißtrauen wieder in mir die Oberhand... Wäre es nicht möglich, das Netz, das für sie geknüpft und ausgelegt wurde, erwiese sich am Ende als untauglich, sie (Christa T.) zu fangen?" (117) Die Erzählerin schneidet damit ein Hauptthema an: die Problematik des Schreibens in der sozialistischen Gesellschaft.

Der Leser lernt so etwas über den ungeheuren Einsatz, die unerhörte Intensität intellektueller und emotionaler Art, die die Vorbereitung eines Werkes wie *Nachdenken über Christa T.* erfordert. Erst in der Mitte des Buches, erst nach dem Lesen von Christa T.s Examensarbeit glaubt die Erzählerin, die Essenz der Gestalt erkannt zu haben. Erst da findet sie den Mut – einen Mut, der Christa T. selber abgeht –, den ersten Satz zu formulieren: „Hingehen, den ersten Satz schreiben. Nachdenken, ihr nachdenken. Dann Satz für Satz. Monatelang kein Tag ohne sie..." (100) Und welche Zweifel mußten bis zu diesem Punkt überwunden werden. So muß sie bei ihrer Vorarbeit an der Hinterlassenschaft z.B. mit der Erkenntnis fertig werden, „daß Leben-Leben ist und Papier bleibt Papier, schwacher Abdruck" (79), so daß sie, aufs äußerste entmutigt, „von ihrem Vorhaben zurücktreten will" (78). Am schwierigsten ist jedoch die Erkenntnis, daß ihr Prosawerk über Christa T. eine „Rezeptionsvorgabe"[128] für die Literaturtheoretiker sein wird, bei der die Frage nach dem „Erfolg" nicht vermieden werden kann: „Denn wenn man mich danach fragen wird – und man *wird* danach fragen, wie denn nicht –, ich werde nichts vorzuweisen haben: Warum, wird man fragen, stellst du sie vor uns hin?" (88)

Diese Frage stellt vielleicht das größte Hindernis für den Schreibprozeß der Erzählerin dar, denn sie muß überzeugend beantwortet werden, wenn das Buch in den Augen der Kritiker akzeptabel sein, wenn es eine Chance haben soll, veröffentlicht zu werden. Die Last dieses Mandats hängt schwer über ihr. Das ist ein Grund, warum sie den Leser an ihren Versuchen, ihren Erfindungen und auch dem, was verworfen werden muß, teilnehmen läßt. Deswegen wird der Leser informiert, wenn sie zornig wird auf Christa T., daß sie ihr Werk unvollendet gelassen hat (vgl. 64), denn der Leser soll teilhaben an der Frustration der Erzählerin. Deswegen Hinweise wie „Szenenwechsel ... die Chronologie stört" (111) oder „... ich lasse mich hinreißen. Ich greife vor" (124). Deswegen auch die Feststellung, daß im Zweifelsfalle an Stelle des „ich" fast immer das „wir" treten kann, weil die Erzählerin eben auch in jener Zeit gelebt und sehr ähnliche Erfahrungen gemacht hat (vgl. 54). Und deswegen ruft sie schließlich den Leser direkt um „Beistand" (117) an, mitzuhelfen, sich das richtige Bild zu formen und den ersten oberflächlichen Eindruck zu überwinden, denn Christa T. ist nun einmal nicht – jedenfalls auf den ersten Blick nicht – „beispielhaft, als Gestalt kein Vor-Bild." Vorbildlichkeit ist aber ein wichtiges Kriterium für die Beurteilung der Literatur in der DDR, und die Erzählerin empfindet dies als Einschränkung ihrer dichterischen Freiheit und klagt: „Einmal nur, dieses eine Mal, möchte ich erfahren und sagen dürfen, wie es wirklich gewesen ist, unbeispielhaft und ohne Anspruch auf Verwendbarkeit" (49).

Der lange innere Kampf, die Selbstüberwindung und der Mut der Erzählerin, all jene Hindernisse zu überwinden, sollen vom Leser miterlebt werden, damit dieser verstehen kann, daß es ihr in diesem Prosawerk eben nicht darum geht, ein positives Beispiel im landläufigen Sinne zu gestalten, und daß die Frage nach dem Erfolg nicht mit den gängigen Kriterien gemessen werden darf. Denn gerade in der scheinbaren Erfolglosigkeit Christa T.'s liegt die Essenz dessen, was die Erzählerin darstellen will. Sie unterbreitet schließlich dem Leser ihre Intention, die ihre überwundenen Zweifel und neuen Überzeugungen widerspiegelt: „Sie ist, für sich selbst, jemand mit Aussichten, mit geheimen Möglichkeiten geblieben. Wer den Kopf jetzt wegwendet ... und auf größere, nützlichere Lebensläufe zeigt, hat nichts verstanden. Mir liegt daran, gerade auf sie zu zeigen. Auf den Reichtum, den sie erschloß, auf die Größe, die ihr erreichbar, auf die Nützlichkeit, die ihr zugänglich war" (135).

Die Erzählerin betont also, daß Christa T. intensiv und positiv gelebt hat, antizipiert damit gleichzeitig in ihrem Kommentar zu den Problemen des Erzählprozesses die Hauptkritik, die von den Kulturfunktionären gegen ihr Werk erhoben werden wird. Sie versucht, diese von vornherein zu entkräften, indem sie darauf hinweist, daß man bei diesem Buch nicht an der Oberfläche hängen bleiben darf, sondern ins „innerste Innere" der Hauptcharaktere vordringen muß, „jener tiefsten Schicht, in die man schwerer vordringt als unter die Erdrinde" (173). Wie wenig sie damit Erfolg gehabt hat, bezeugen z. B. die Reaktion des schon erwähnten Max Walter Schulz, der genau jene Frage nach dem Nutzen gestellt (vgl. 1) und als Hauptkriterium seiner negativen Kritik geltend gemacht hat.

3.3.8
Die autobiographische Dimension

Auf Christa Wolfs Idee der wichtigen vierten Koordinate in einem Prosawerk – die der Tiefe, der Zeitgenossenschaft und des Engagements – ist schon verwiesen worden (vgl. 3.2.6). Diese autobiographische Dimension ist für Christa Wolfs Gesamtwerk und für *Nachdenken über Christa T.* von entscheidender Bedeutung, denn es kann kein Zweifel bestehen, daß die Autorin ihre eigene Lebensproblematik, die Probleme des Sich-Findens als Schriftstellerin in der DDR der fünfziger Jahre, diesen langen und durch die Umstände verzögerten Reifeprozeß,[129] jenen Kampf des Alles- oder Nichts-Sagens in ihren Roman projiziert hat.

Christa Wolf kann schließlich das vollbringen, was ihrer Romanfigur nicht möglich ist: ihre Vision konkretisieren, indem sie ihr Prosawerk schreibt, sich voll einsetzt und all die Probleme des Schreibprozesses in ihren fiktiven Figuren nachvollzieht. Für Christa Wolf, die Büchner-Preisträgerin, gilt also, was sie über Büchner sagt und zu dem sie eine tiefe Affinität verspürt: „Büchner gibt alles, die Prosa des Alltags: Situation, Umstände, Psychologie, Analyse – und er verwandelt es, indem er die Vision dazu tut, von der er lebt und unter der er leidet“[130]. Für ihn, wie für Christa Wolf, wäre es unsinnig gewesen, sich herkömmliche Geschichten auszudenken, denn für beide ist Schreiben das Mittel, „sich mit der Zeit zu verschmelzen in dem Augenblick, da beide (Autor und Zeit) ihre dichteste, konfliktreichste und schmerzhafteste Annäherung erfahren“[131]. Dabei betont Christa Wolf – und scheint besonders den Kulturfunktionären zurufen zu wollen –, daß auch ein Dichter wie Büchner in seiner Zeit nicht verstanden und anerkannt worden ist, daß sein Werk jedoch, besonders seine Lenz-Novelle, heute „hoch über dem trüben Strom konventioneller Prosa“ steht, „frisch und kühn ... wie an dem Tag, an dem sie geschrieben ist“[132].

Ähnlich wie Büchners *Lenz* möchte Christa Wolf auch ihren Roman verstanden wissen. Auch sie hofft, mit ihrem Werk über der konventionellen Prosa zu stehen, indem sie nach neuen Wegen sucht und mit neuen Erzählstrukturen experimentiert, denn sie will „tödlicher Vereinfachung“[133] vorbeugen. „Tief beunruhigt über die Zukunft der Menschheit“[134], empfindet sie die Pflicht, sich „in die Zukunft vorauszuwerfen“[135], um so essentielle Daseinsprobleme der Menschheit zu antizipieren und dem Leser mögliche Lösungen anzubieten. Ein Element, das sie besonders für die Zukunft in industriellen Gesellschaften als notwendig erachtet, ist, das Selbstbewußtsein des Individuums zu festigen, „das so labil geworden ist, daß in hoch technisierten Ländern viele Menschen in den Selbstmord oder in die Sackgasse der

Neurosen flüchten"[136]. Christa Wolf ist überzeugt, daß die Gefahr des Nicht-Überlebens der Menschheit gerade im Verlust des Individuellen und Subjektiven liegt, in einer Welt, in der „Persönlichkeit" für ein veraltetes Ideal und in der „stromlinienförmig konstruierte Menschen... unbegrenzt anpaßbar" für unvermeidbar gehalten werden.[137] Dieser Tendenz Einhalt zu gebieten, dazu soll ihre intensiv subjektive Prosa, wie *Nachdenken über Christa T.*, beitragen. Dabei leugnet sie nicht, daß es persönliche Motive sind, die einen Menschen zum Schreiben bringen, denn „eine der wichtigsten Voraussetzungen für das Entstehen von Literatur ist ... Sehnsucht nach Selbstverwirklichung"[138]. Gerade solch persönliche Motive hält Christa Wolf für die besten, weil sie wirksam und der Menschheit notwendig sind.[139] Die persönliche Motivierung für ihren Roman war ein Rebellieren gegen den Tod eines Menschen, der sich nicht anpassen konnte oder wollte, und der nicht die notwendige Zuversicht (vgl. 173) entwickelt hat, seine innere Vision durch Schreiben zu erfüllen.

Auch Büchner hatte sich in seiner Lenz-Novelle gegen das Schicksal des Sturm-und-Drang-Autors Lenz aufgelehnt, der durch unerträgliche Konflikte, auch die des Nicht-Schreibens, in den Wahnsinn getrieben wurde. Beide, Georg Büchner und Christa Wolf, haben ihre ureigensten, lebensbedrohenden Konflikte in ihr Werk hineinprojiziert und sie damit überwunden. Christa Wolfs Kommentar zu Büchner gilt daher auch für sie und ihren Roman: „‚Mit wenigen Mitteln' hat er sich selbst dazugetan, seinen unlösbaren Lebenskonflikt, die eigene Gefährdung, die ihm wohl bewußt ist. Ein Konflikt, in dem sich die tausendfache Bedrohung lebendiger, entwicklungshungriger und wahrheitssüchtiger Menschen in Restaurationszeiten gesteigert spiegelt: der Dichter, vor die Wahl gestellt, sich an unerträgliche Zustände anzupassen und sein Talent zu ruinieren oder physisch zugrunde zu gehen"[140].

3.3.9 Rezeption

Die Rezeption von *Nachdenken über Christa T.* spiegelt die veränderte zeitgeschichtliche Situation, besonders die etwas normalisierte Einschätzung der DDR-Literatur durch westliche Kritiker. Das allgemein größere Interesse unter der westlichen Leserschaft und in der wissenschaftlichen Diskussion machte es möglich, daß Christa Wolfs neuer Roman im Westen nicht mehr primär als Politikum gesehen wurde – obwohl dies anfangs von der Tagespresse versucht wurde –, sondern schnell eine Fülle von ernsthaften wissenschaftlichen Arbeiten hervorrief. Diese beschäftigen sich natürlich auch mit den gesellschaftlichen Implikationen; ihr Hauptanliegen beinhaltet jedoch mehr eine Auseinandersetzung mit der literarischen Qualität, der poetologischen Dimension des Textes. Während im Westen, und durchaus nicht nur in der Bundesrepublik, die wissenschaftliche Diskussion unvermindert anhält, ist in der DDR nach der ersten kritischen, zögernden Reaktion die Diskussion um den Roman im großen und ganzen verstummt oder auf mehr oder weniger stereotype Randbemerkungen begrenzt worden, obwohl weiterhin ein starkes allgemeines Interesse besteht. Jedenfalls ist bisher noch keine angemessene Interpretation erschienen, wie es Alexander Stephan in seinem verdienstvollen Forschungsbericht zusammenfaßt: „Je eine Rezension in *Sinn und Form* und in *Neue deutsche Literatur* im Jahre 1969, ein kritischer Kommentar in einem drei Jahre später erschienenen Sammelband, ein paar Anmerkungen und Halbsätze in Reden, Aufsätzen, Literaturgeschichten und Lexika – mehr gibt es aus der DDR bislang nicht zu vermelden“[141]. Besonders die von Stephan erwähnten Rezensionen sind in ihrer inhaltlichen Kritik an dem dritten Buch der Heinrich-Mann-Preisträgerin nicht zurückhaltend. So lobt Horst Haase lediglich die technische Raffinesse, daß die Autorin ihr „Handwerkzeug beherrscht“[142]. Darüber hinaus liegt die Betonung auf Aspekten wie der „dominierenden Resignation“ des Buches, einer „allzu vereinfachten Deutung der ungarischen Konterrevolution“ und Christa Wolfs „herablassender Verachtung der Wissenschaften“. Auch die ausgeglichenere und wohlwollendere Rezension von Hermann Kähler kommt am Schluß nicht umhin, von der „blutarmen Freundin“, der Ich-Erzählerin, zu sprechen und Einwände anmelden zu müssen „...trotz des großen stilistischen Fortschritts“[143].

Mit der allgemeinen Lockerung nach Erich Honeckers Machtübernahme und der Proklamation auf dem achten Parteitag, daß nun auch gewisse Widersprüche in der Gesellschaft in der Literatur gestaltet werden könnten, kam es zu drei Neuauflagen des

Romans.[144] Prinzipiell hielt man jedoch an den alten Argumenten in der Kritik fest. So betont die „Geschichte der Literatur der Deutschen Demokratischen Republik", daß Christa T. „keinesfalls als literarische Vorbildgestalt" konzipiert sei und der Roman „die Gegensätze zwischen Individuum und sozialistischer Gesellschaft stärker betont als ihre Einheit"[145]. Darüber hinaus wurde der Roman in der wissenschaftlichen Diskussion der DDR weiterhin ignoriert, und es blieb diesmal, im Gegensatz zu *Der geteilte Himmel*, wo die vielfältige Reaktion zu dem DDR-Sammelband von Reso geführt hat, dem Westen vorbehalten, etwas Ähnliches für *Nachdenken über Christa T.* zusammenzustellen. Um dies bemüht sich der Sammelband: Wirkungsgeschichte von Christa Wolfs „Nachdenken über Christa T.", der 1978 von Manfred Behn herausgegeben wurde;[146] er beinhaltet eine historisch orientierte Zusammenstellung von Rezeptionsmaterialien aus Zeitungen, Zeitschriften, Kongreßprotokollen und Buchveröffentlichungen, die auch schwieriger zugängliches Material erfaßt.

Die Stellungnahme hält weiter an und gewinnt auch im nichtdeutschsprachigen Ausland an Brisanz, denn inzwischen wurde der Roman in fast alle Kultursprachen – vom Ungarischen und Tschechischen bis zum Finnischen und Japanischen – übersetzt.[147] Von der umfangreichen Zahl der „mehr oder weniger wissenschaftlichen"[148] Aufsätze wären als ernsthaftere und ausgewogenere besonders die Arbeiten von Heinrich Mohr, Manfred Jäger und Andreas Huyssen zu nennen.[149] Als umfassende Studien über Christa Wolf müssen vor allem die Einführung in ihr Werk und der Forschungsbericht von Alexander Stephan hervorgehoben werden sowie die bisher ausführlichste struktur- und rezeptionsorientierte Interpretation von Christa Thomassen: Der lange Weg zu uns selbst. Christa Wolfs Roman „Nachdenken über Christa T." als Erfahrungs- und Handlungsmuster.

Wichtig für die Rezeption und die deutlich zunehmende Sympathie für Christa Wolfs Poetik sind auch die essayistischen Selbstzeugnisse der Autorin, die wie kaum ein anderer zeitgenössischer Schriftsteller ihr Werk selbst kommentiert hat. In dem vom Luchterhand Verlag herausgegebenen Band: Christa Wolf. „Lesen und Schreiben". Aufsätze und Prosastücke[150], sind die meisten und wichtigsten dieser Aufsätze schon 1972 leicht zugänglich gemacht worden. Eine etwas umfangreichere Sammlung beim gleichen Verlag hat jene dann 1980 abgelöst (Christa Wolf. „Lesen und Schreiben". Neue Sammlung). Außerdem wurden 1979 einige weitere Aufsätze und Essays aus der Sekundärliteratur von Klaus Sauer in dem Sammelband: Christa Wolf. Materialienbuch (wiederum im Luchterhand Verlag) herausgegeben. Die meisten Aufsätze von Christa Wolf wurden übrigens auch in der DDR mehrmals aufgelegt[151] – 1979 ist bei Reclam in Leipzig eine umfangreiche Neuausgabe mit dem Titel: Fortgesetzter Versuch. Aufsätze, Gespräche, Essays,[152] erschienen. Die bisher vollständigste Sammlung des nicht-fiktiven Werks wurde dann 1986 in zwei Bänden beim Aufbau Verlag Berlin mit dem Titel: Die Dimension des Autors. Essays und Aufsätze, Reden und Gespräche 1959-85 verlegt; die gleiche Sammlung erschien 1987 in einem Band bei Luchterhand.[153]

Diese Ausgaben dürfen als ein Indiz dafür gelten, daß das Interesse an Christa Wolfs Werk in Ost und West unvermindert anhält. Die Verleihung des Georg-Büchner-Preises (1980) in der Bundesrepublik ist ebenfalls eine Bestätigung für die Anerkennung, welche die Autorin genießt.

Nachbemerkung

Zum Abschluß unserer Interpretation scheinen einige vergleichende Bemerkungen über die beiden Romane durchaus angebracht, obwohl ein ausführlicher Vergleich den Rahmen dieses Bandes sprengen würde. Die offensichtliche Parallele liegt in der Ausgangsposition der Romane, indem die Katastrophe bereits geschehen ist und nur rückblickend analysiert wird, wie Hermann Kähler feststellt.[154] Beide Hauptfiguren, Rita und Christa T., sind Frauen und haben zu Anfang des Romans Lebenskrisen hinter sich, die zu „Unglücksfällen"[155] geführt haben, in denen der Leser im Laufe des Erzählprozesses Selbstmordversuche erkennen muß, wobei es im Fall von Christa T. der Todeswunsch ist, der dann zur physischen Krankheit führt.[156]

Darüber hinaus sind die Parallelen zwischen beiden Romanen auf vereinzelte Nebenmotive begrenzt, wie z.B. die Rolle des Dorfes, wohin sich beide Hauptfiguren in Krisenzeiten flüchten. Im großen und ganzen spiegelt *Nachdenken über Christa T.* jedoch eine entscheidende Weiterentwicklung, ein neues Selbstverständnis und Selbstbewußtsein der inzwischen anerkannten Autorin und die veränderte zeitgeschichtliche Situation der DDR wider. Die Flucht in den Westen, die „Republikflucht", spielt nach dem Mauerbau kaum noch eine Rolle im Leben der DDR-Bürger, da sie für die meisten Menschen keine reale Alternative darstellt. Damit ist aber keinesfalls besagt, daß die Problematik der Teilung des Landes und die damit verbundene Frustration überwunden wäre, wie es die Erzählerin in *Nachdenken über Christa T.* formuliert hat: „Nicht nur das Land, jeden von uns gibt es doppelt: als Möglichkeit, als Unmöglichkeit" (124).

Die männliche Romanfigur Manfred in *Der geteilte Himmel* hat bei aller offensichtlichen Unterschiedlichkeit eine gewisse Ähnlichkeit mit Christa T. Beide sind ungefähr gleichaltrig und haben Schwierigkeiten, sich den gegebenen gesellschaftlichen Bedingungen anzupassen. Bei beiden spielt die Erziehung in Nazi-Deutschland eine wichtige Rolle, denn ihre Skepsis gegenüber der neuen Gesellschaftsordnung basiert, jedenfalls teilweise, auf der Desillusionierung, die nach 1945 in ihnen stattfand, was sie alles sehr viel kritischer sehen läßt als dies bei jüngeren Menschen wie Rita der Fall ist. Die Versuchung, in den Westen zu gehen, der Manfred schließlich nachgibt, wird von Christa T. nicht ernsthaft erwogen. Beide Figuren sind jedoch unruhige, unangepaßte Persönlichkeiten. Sie werden von Christa Wolf dargestellt, um „den Hintergrund zu zeigen, von dem ein unruhiger, produktiver Mensch sich abhebt ... um die besondere Qualität seiner Unruhe herauszuarbeiten. Auch, um Gründe zu finden, warum seine Unruhe stecken bleibt ... warum sie nicht heraustreten und sich voll verwirklichen kann“[157]. Letzteres trifft für beide, Manfred und Christa T., zu. Sie können sich in der gesellschaftlichen Situation ihrer Zeit nicht voll entfalten und scheitern.

Daß Manfred eine so wichtige Rolle zukommt, deutet auf einen wesentlichen Unterschied in der Figurenkonstellation. Während in *Der geteilte Himmel* verschiedenen Figuren ein beachtenswertes Eigenleben zukommt, sind sie in *Nachdenken über Christa T.* in erster Linie nur in bezug auf die Hauptperson von Bedeutung, wie Christa Thomassen festgestellt hat.[158] Auch wird die auktoriale Erzählweise, wie sie in *Der geteilte Himmel* vorherrscht, im späteren Roman nicht beibehalten, wo der allwissende Erzähler durch eine sehr unsichere, sich vorsichtig vortastende Erzählerin abgelöst wird. Die rückblickende und reflektierende Struktur – schon in *Der geteilte Himmel* keineswegs einfach – wird in *Nachdenken über Christa T.* durch ein sehr lockeres Handhaben der Zeitebenen und andere strukturelle Eigenarten weiterhin kompliziert. Die Sprache ist straffer, mit weniger Adjektiven untermalt und entbehrt der ans Kitschige grenzenden deskriptiven Passagen des ersten Romans, der „Elemente der Trivialromans, die häufig verwandten sprachlichen Fertigteile“, von denen Wolfgang Promies[159] spricht.

Der Einfluß der Bitterfelder Konferenzen ist in *Der geteilte Himmel* besonders sichtbar, da ein großer Teil der Handlung im Waggonwerk spielt. Diese Sphäre wird in *Nachdenken über Christa T.* völlig ausgeklammert und spiegelt Christa Wolfs inzwischen gewonnene Überzeugung wider, daß man sich als Schriftsteller nicht der Illusion hingeben darf, „für alle“ zu schreiben, wie sie dies in *Lesen und Schreiben*[160] betont, wo sie ihre eigene Einstellung beim Schreiben von *Der geteilte Himmel* indirekt kritisiert hat.[161] Auch die positive Einschätzung von Wissenschaft und Technik in *Der geteilte Himmel* – man denke an die naive Bewunderung, die dem russischen Kosmonauten im Weltall gezollt wird – muß einer realistischen und oft kritischen Einstellung weichen, was durchaus in den frühen DDR-Rezensionen bemerkt und bemängelt worden ist.[162]

Der entscheidende Unterschied zwischen *Der geteilte Himmel* und *Nachdenken über Christa T.* ist in der Rolle der Subjektivität zu suchen. Der Versuch des „Zu-sich-selbst-Kommens“ findet im Fall Rita im direkten Kontakt mit der objektiven Produktionssphäre statt,[163] bei Christa T. dagegen im subjektiven „innersten Innern“ ihres Selbst, allerdings nicht ohne das Verlangen, durch Verwirklichung ihrer Vision, durch Schreiben, an dem gesellschaftlichen Prozeß teilzuhaben. Wie Rita am Ende des Romans, sieht Christa T. sich immer wieder auf sich selbst verwiesen. Beiden reicht die gesellschaftliche Realität allein nicht aus zur Verwirklichung ihrer Person, die sie, jede auf ihre Weise, anstreben. So gesehen darf das Ringen, Suchen und Streben der Christa T. als eine Fortsetzung und Weiterentwicklung von Rita angesehen werden, auf dem langen „nicht enden wollende[n] Weg zu sich selbst“[164].

Darüber hinaus ist die Subjektivität, trotz ihrer unterschiedlichen Funktion, auch ein verbindendes und gemeinsames Element, und zwar durch die autobiographische Dimension in beiden Romanen. Durch die stets gegenwärtige Autorin bewahrheitet sich so für Christa Wolfs eigenes Werk, was sie in ihrer Büchner-Preis-Rede für Literatur im allgemeinen postuliert hat: „Die Sprache der Literatur scheint es merkwürdigerweise zu sein, die der Wirklichkeit des Menschen heute am nächsten kommt; die den Menschen am besten kennt … Vielleicht weil immer moralischer Mut des Autors – der zur Selbsterkenntnis – in Literatur eingeht“[165].

Unterrichtshilfen

1
Didaktische Aspekte

Ziel dieses Interpretationsbändchens ist es, einerseits eine wissenschaftlich fundierte Neuinterpretation, andererseits aber einen für die Oberklassen geeigneten Einführungsband zu stellen. Beide der ausgewählten Romane eignen sich besonders gut als Lektüre für die Oberstufe, nicht nur weil Christa Wolf als repräsentative DDR-Autorin angesehen werden muß, sondern auch weil ihre Romane eine Fülle zeitgeschichtlich aktueller Problemstellungen anschneiden, ideengehaltlich jedoch nicht auf die DDR-Situation begrenzt bleiben. Darüber hinaus erlauben die modernen strukturellen Mittel Einblick in wissenschaftliche Fragestellungen und Methoden der Literaturbetrachtung. Besondere Lernziele sollten ein Verständnis der Abhängigkeit beider Romane von den historischen Entstehungsbedingungen sein sowie der damit verbundenen besonderen Funktion, Stellung und Arbeitsbedingung der Autorin. Die Bedeutung, die der Zensur beigemessen werden muß, sollte dabei hervorgehoben werden. Auch ein Verständnis der Gründe für die unterschiedliche Rezeption in Ost und West sollte als wichtiges Lernziel angesehen werden. Für literaturtheoretische Diskussionen, wie z. B. über das Konzept des „impliziten Lesers“ eignet sich besonders *Nachdenken über Christa T.* (vgl. 3.2.6).

Da die unterrichtlichen Voraussetzungen und Zielsetzungen von Kurs zu Kurs stark variieren, werden nicht alle Werkaspekte, die in diesem Band analysiert worden sind, zur Geltung kommen. Auch das Einteilungsprinzip der vorliegenden Interpretationen wird der gegebenen Unterrichtssituation und den Interessen von Lehrern und Schülern angepaßt werden. Die folgenden Leitfragen, Arbeitsanregungen und stichwortartigen Hinweise auf die Behandlung im Unterricht sind als Impulse für den Einstieg in das gelesene Textmaterial gedacht. Aus didaktischen Gründen scheint es empfehlenswert, die Werke zuerst systematisch zu besprechen und dann anschließend zu allgemeineren Themen und Vergleichen überzugehen.

2
Unterrichtsreihen (für beide Romane)

Es liegt nahe, Christa Wolfs Romane innerhalb einer Reihe „Erzählende Literatur von Autoren aus der DDR“ zu behandeln. Folgende Reihe kann insgesamt oder in Auswahl behandelt werden:

a) Chr. Wolf: *Der geteilte Himmel* (erschienen: DDR 1963) oder: *Nachdenken über Christa T.* (erschienen: DDR 1968)
b) G. Kunert: *Tagträume in Berlin und andernorts* (Kurzprosa, erschienen in der Bundesrepublik 1972)
c) F. Fühmann: *Kapitulation* (Erzählungen, erschienen: DDR 1977)
d) J. Becker: *Schlaflose Tage* (erschienen in der Bundesrepublik 1978)
e) Volker Braun: *Unvollendete Geschichte* (erschienen in der Bundesrepublik 1979)
f) Chr. Hein: *Drachenblut* (Novelle, erschienen: DDR, unter dem Titel *Der fremde Freund*, 1982)

3
Unterrichtssequenz: „Der geteilte Himmel“

Gegenstand	*Didaktische Aspekte*	*Unterrichtsverlauf*	*Impulse*	*Hausaufgaben*
Prolog, Kap. 1–4	– Geschichtlicher Hintergrund des Mauerbaus am 13.8.61 – Bedeutung des Lehrermangels – Erklärung der Gegenwarts- und Reflexionsebene	– Erzählperspektive in der dritten Person – Genaues Lesen des Prologs – Ritas Jugend und Entwicklung; ihr Verhältnis zur Familie – Analytische Erzählweise des Romans	Was unterscheidet den Prolog von den Kapiteln? Was verunsichert den Arzt in seiner Diagnose von Ritas Krankheit? Wie lernt Rita Manfred kennen?	– Betitelung von Kap. 1–4 – Kurze Beschreibung der eingeführten Figuren
Kap. 5–8	– Besprechung der ersten Bitterfelder Konferenz – Autobiographische Komponente Christa Wolfs – Wohnungsnot in der DDR	– Vergleich von Land und Stadt – Ritas Reaktion auf die Stadt – Verständnis von Manfreds Herkunft und Elternhaus – Differenzierung zwischen Autorin, Erzählerfigur und Rita	Welche ökologischen Probleme werden geschildert? Inwiefern enthält Ritas Arbeit im Waggonwerk eine feministische Komponente?	
Kap. 9–12	– Erklärung von Nazi-Organisationen (z. B. SA, Jungvolk, Hitlerjugend) und allgemeinem Hintergrund	– Verständnis von Manfreds Problem, im Nazi-Deutschland aufgewachsen zu sein – Bedeutung der DDR-	Welche Verbindung besteht zwischen Herrn Herrfurth und Meternagel? Inwiefern war Herr Herrfurth nach dem Krieg ein	– Was für „sprechende Namen“ benutzt Christa Wolf?

		Flüchtlinge für die DDR-Wirtschaft	Opportunist? Warum wird Wendland Werkleiter? Was ist mit einer „rückläufigen Kaderentwicklung“ von Meternagel gemeint?	
Kap. 13–16	– Als Ansatzpunkt eine kurze Erklärung von *Orpheus und Eurydike* (Vergleich zu Manfred und Rita) – Hinweis auf Gleichaltrigkeit von Manfred und Christa Wolf	– Zunehmende Gefahr der Nicht-Kommunikation der Liebenden – Manfreds zunehmende Desillusionierung – Unterschiede zwischen Manfred und Rita betreffs Herkunft, Bildung, Einstellung zur sozialistischen Gesellschaftsordnung	Wieso war der Autoausflug am Sonntag in Ritas Erinnerung ein Lebenshöhepunkt? Wie ist die Metapher von dem kleinen Boot und der steigenden Flut zu interpretieren? Wodurch wird ihr Liebesverhältnis zueinander bedroht?	– Kurze Charakterisierung von Wendland und Meternagel
Kap. 17–19	– Gegenwartsebene: 4. Woche im Sanatorium – Ritas Reflexionsebene: 1961, ein Jahr unerbittlicher Prüfung	– Ablehnung der Spinn-Jenny als Höhepunkt in Manfreds Desillusionierungsprozeß – Unterschiedliche Entwicklung von Rita: „Nie und nimmer erkenne ich das an“ (112)	Welche Rolle spielt Mangold? Inwiefern ist die DDR-Produktion vom Westen abhängig? Welche Probleme ergaben sich daraus? Was lernen wir über Wendlands Hintergrund?	– Charakterisierung des Professors
Kap. 20–23	– Fluchtzunahme vor dem Mauerbau (vgl. S. 123) – Wandel auf dem Lande durch Kollektivierung	– Nicht nur wirtschaftliche, sondern auch menschliche Probleme durch Republikflucht (Siegrid,	Warum war Rita plötzlich ganz allein? Wohin flieht sie in ihrer Krise? Welche Auseinandersetzung gibt es	

Gegenstand	*Didaktische Aspekte*	*Unterrichtsverlauf*	*Impulse*	*Hausaufgaben*
		121) – Ideologische Gegenüberstellung von Wendland und Manfred (147–148)	zwischen Schwarzenberg und Mangold? Wie reagiert Rita auf Manfreds Brief an Martin Jung (133)?	
Kap. 24–27	– DDR-Wohnungsnot – Verkehr zwischen Ost- und West-Berlin vor dem Mauerbau	– Ritas Besuch in West-Berlin und ihre Unentschlossenheit, dort bei Manfred zu bleiben	Wieso weiß Rita, daß sie „gegen nichts gefeit sind" (156)? Welches Verhältnis gibt es zwischen Frau Herrfurths Tod und Manfreds Flucht in den Westen? Wie reagiert Rita auf West-Berlin und seine Aufforderung, ihm in den Westen zu folgen?	– Betitelung von Kap. 27–30
Kap. 28–30, Epilog	– Sorgfältiges Lesen des Epilogs	– Besuch unter höchst ungünstigen Voraussetzungen – Bedeutung von Manfreds nihilistischer Einstellung für Ritas Entscheidung (die Mauer hat Rita eine Entscheidung vorenthalten)	Wie versucht Manfred, Rita im Westen zu halten? Hat Rita in West-Berlin eine endgültige Entscheidung getroffen? Warum endet das Buch mit einem Besuch bei Meternagel? Was ist mit Ritas unbewußtem „letzten Fluchtversuch" (190) gemeint?	– Aufsatz: Ritas Entwicklungsprozeß vom naiven Dorfkind zur emanzipierten Frau

Zeit- und Reflexionsebenen in *Der geteilte Himmel*

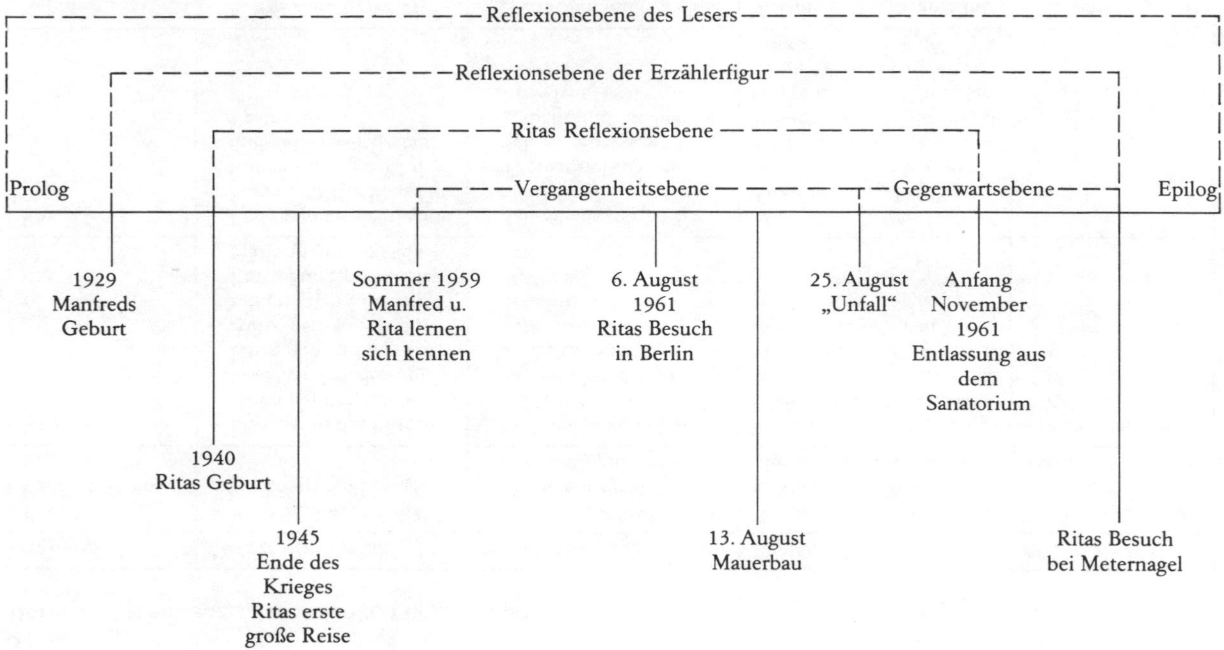

4
Unterrichtssequenz: „Nachdenken über Christa T."

Gegenstand	*Didaktische Aspekte*	*Unterrichtsverlauf*	*Impulse*	*Hausaufgaben*
Titel, Motto, Vorwort, Prolog	– Einstieg durch sorgfältiges Lesen des Prologs	– Skizzierung des Verhältnisses von Erzählerfigur und Titelfigur	Was bedeutet „Fast wäre sie wirklich gestorben" und „Sie braucht uns nicht"?	– Referat über Entstehung des Werkes
Kap. 1–3	– Diskussion des historischen Hintergrunds – Lokalität (Friedeberg), Krieg (Goebbels), Flucht – Aufzeigen, wie die Erzählerin den Leser am Entstehungsprozeß der Fiktion teilhaben läßt	– Diskussion von Christa T.s „entsetzlicher Dankbarkeit über den Mangel an Gelegenheit" (39) – Lesen von Gustav Schwabs *Reiter über den Bodensee*	Was ist mit der „dunklen Hälfte der Welt" gemeint? Worin glaubt Christa T., die Möglichkeit eines Weges zu sich selber finden zu können?	– Aufstellen einer Zeittafel
Kap. 4–6	– Diskussion der Situation in der DDR während der frühen fünfziger Jahre und des sozialistischen Realismus	– Schreiben oder Nicht-Schreiben? – Thematisierung des Schreibprozesses – „Pflicht und Freiheit des Erfindens" (49)	Wovor hat Christa T. Angst? Ist Frau Dölling eine Erfindung? Warum fühlt Christa T. sich den Tatsachenmenschen/Hopp-Hoppmenschen (55) unterlegen? Warum schreibt sie nicht?	
Kap. 7–8	– Kurze Zusammenfassung von Schillers *Kabale und Liebe* und *Heinrich von Ofterdingen*	– „Kein Verfahren findet statt, kein Urteil wird gesprochen" (59) Wie reagiert der Leser?	Was meint die Erzählerin, wenn sie sagt, daß Christa T. „mit allen Versteck gespielt hat" (58)? Welche	– Erweiterung der Zeittafel

		– Ziel der Diskussion: Was führt zur großen Krise in Kap. 8?	Rolle spielt Kostja? Warum hätte die Erzählerin den Brief an die Schwester am liebsten unterschlagen?	
Kap. 9–10	– Diskussion der Ambivalenz des Textes (z. B.: Wer hat den General erfunden, oder gab es ihn? Hat sie jemand die Geschichte von Malina erzählt oder nicht?) – Differenzierung zwischen realem Lebensmaterial (Hinterlassenschaft) und Mutmaßungen, Fiktion der Ich-Erzählerin	– Diskussion der Kapitelübergänge – Frage nach dem Erfolg (88) – Unsicherheit der Erzählerin – Analyse von *Malina die Himbeere* (Stil, Inhalt, Beweis für Erfolg)	Was wahrsagt der General, und was rät er Christa T.? Woran erinnert sie sich besonders? Was ist die heikelste Frage, die der Erzählerin über Christa T. gekommen ist, und warum ist sie problematisch?	– Versuch, die Kapitel mit Titeln zu versehen
Kap. 11–13	– (Vor)lesen einiger Storm-Gedichte, z. B.: *Tiefe Schatten* (besonders Abschnitt 3–6), *Einer Toten, Ein Sterbender* – Erklärung von Hamurabis Gesetzbuch	– Bedeutung (Parallele) von Storm für Christa T. – Besprechen von *Hamurabi* – Gefahr einseitiger Tüchtigkeit: „Sein Typ ist noch gefragt“ (111)	Warum hätte Christa T. es nie gewagt, „Meine Geschichten“ zu schreiben? Was meint die Erzählerin mit „Das meiste ist getan“ (100)?	– Minireferate über Raabe, Keller, Storm
Kap. 14–16	– Geschichtlicher Hintergrund: Ungarnaufstand 1956 (vgl. 132), Besuch in West-Berlin (124), Kollektivierung der Land-	– Diskussion von Liebe, Ehe, Feminismus (vgl. 122) – Grenzen des Sozialismus, z. B. die Straßenbahn-	Analysieren Sie die folgenden Zitate: „Jetzt heißt es doppelt vorsichtig sein“ (120); „Sie nimmt den Vorteil wahr, eine Frau zu sein“	– Suche von Textstellen, die Unsicherheit der Figur oder Appelle an den Leser zum

Gegenstand	*Didaktische Aspekte*	*Unterrichtsverlauf*	*Impulse*	*Hausaufgaben*
	wirtschaft (143) – Unsicherheit der Erzählerfigur ruft zur Mitarbeit des Lesers auf	schaffnerin (130) – Reflexionsstil, um kritischen Einwänden der Zensur vorzubeugen	(122); „Wir waren beide erbittert“ (131); „Das war ihre Schwäche und ihre geheime Überlegenheit“ (138); „Die Krankheit näherte sich als Müdigkeit verführerisch“ (146)	Mitdenken enthalten
Kap. 17–18	– Präsentierung einer Zusammenfassung von *Madame Bovary* (Vergleich zu Christa T.)	– Bedeutung des Hausbaus und der Liebesaffäre	Welche geheime Hoffnung verbindet Christa T. mit dem Hausbau? Kann die Affäre mit dem Förster als Eskapismus angesehen werden? Wenn ja, warum?	– Autobiographische Parallelen zwischen Christa T. und der Autorin (mit Hilfe einer Literaturgeschichte oder eines Autorenlexikons)
Kap. 19–20	– Bedeutung der Probleme beim Schreiben in der 3. oder 1. Person – Enthält der Titel eine Definierung der erzählerischen Struktur des Romans?	– Herausarbeiten von Blasing als Kontrastfigur zu Christa T. – Die Möglichkeit erwägen, Christa T.'s Krankheit als physischen Ausdruck ihres inneren Zustands zu werten – Bedeutung der zeitgeschichtlichen Lage für ihre „Vision“	Was meint Christa T., wenn sie dem Arzt sagt: „Ich habe das Wichtigste noch vor mir“ (177), oder wenn sie sich selbst sagt: „Ich bin zu früh geboren“ (180)? Was war Christa T.'s Geheimnis und ihre Vision von sich selbst?	– Betitelung der restlichen Kapitel – Referat über die Rezeption des Werkes

Kapitel- und Zeiteinteilung in *Nachdenken über Christa T.*

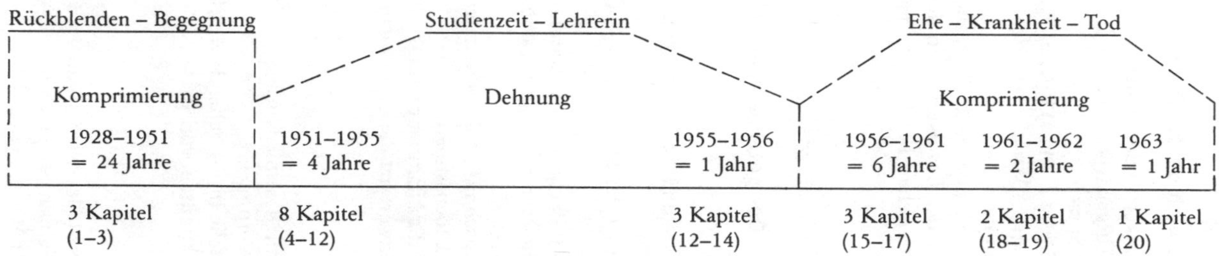

5
Leitfragen zum Vergleich beider Romane

1. Welche Gemeinsamkeiten oder Unterschiede haben beide Romane in bezug auf a) die Ausgangsposition der Erzählerin, b) die analytische Erzählweise, c) die Sprache?
2. Vergleichen Sie Christa T. mit a) Rita, b) Manfred.
3. Inwiefern könnte man *Nachdenken über Christa T.* als Fortsetzung von *Der geteilte Himmel* sehen?
4. Auf welche Weise reflektieren die Romane wichtige gesellschaftlich-politische Anliegen der Bevölkerung in der DDR? Welcher Wandel dessen, was die Menschen beschäftigt, zeichnet sich beim letzteren ab?

6
Klausurvorschläge: „Der geteilte Himmel"

Grundkurs

1. Aufgabe: Textanalyse und Vergleich (7) mit (9 u. 10)
   Textstellen (7, 9, 10)
   a) Kurze Skizzierung der Situation in (7) einerseits und (9/10) andererseits
   b) Andeutungen auf übergreifende Zusammenhänge: Symbolik
   c) Charakteristische Merkmale der Erzählhaltung und Sprache
2. Aufgabe: Textanalyse
   Textstelle (20, 2. Abschnitt bis 22, vorletzter Abschnitt)
   a) Ritas bisherige Lebenssituation
   b) Wie erlebt Rita die Neuorientierung?
   c) Welchen Stellenwert hat dieser Moment für Ritas weitere Entwicklung?
3. Aufgabe: Textanalyse
   Textstelle (42–46)
   a) Wie sieht Manfred seine Kindheit? (Fakten, prägende Einflüsse, nachträgliche Wertungen)
   b) Über die Textstelle hinausgehend: Welche späteren Verhaltensweisen Manfreds könnten von diesen Kindheitserfahrungen mitbestimmt sein?

Leistungskurs

1. Aufgaben und Textstellen wie Grundkurs 1
   d) Läßt der Erzähleinsatz einen Roman erwarten, der der Konzeption des „Bitterfelder Weges" entspricht?

2. Aufgaben und Textstellen wie Grundkurs 2
   d) Zeigen Sie an dieser Textstelle romantypische Stilelemente auf, und setzen Sie sie zur Aussage in Beziehung.
3. Textstellen und Aufgaben wie Grundkurs 3
   c) Halten Sie den Roman insgesamt betrachtet für ideologisch geprägt, oder sehen Sie eher ideologiekritische Ansätze?

7
Klausurvorschläge: „Nachdenken über Christa T."

Grundkurs

1. Aufgabe: Textanalyse
   Textstelle (7–9)
   a) Was erfahren wir über das Leben der Christa T. und über das frühere Verhältnis der Erzählerin zu ihr?
   b) Welche Fragen und Vermutungen werden beim Leser geweckt?
   c) Geben Sie Reflexionen über den Komplex *Tod – Vergessen – Erinnerung – Angst* in einem gedanklich geordneten Zusammenhang wieder.
2. Aufgabe: Textanalyse
   Textstelle (19–26)
   a) Welche Erlebnisse werden als prägend hervorgehoben?
   b) In welcher Weise werden diese dem Leser erzählerisch vermittelt?
3. Aufgabe: Textanalyse
   Textstelle (61–64)
   a) Erläutern Sie die Beziehung Christas zu Kostja.
   b) Zeigen Sie an dieser Textstelle typische Elemente der Erzählstruktur und Sprache des Romans auf.

Leistungskurs

1. Aufgabe und Textstelle wie Grundkurs 1
   d) Zeigen Sie an dieser Textstelle charakteristische Elemente von Christa Wolfs Erzählstil auf.
2. Aufgabe und Textstelle wie Grundkurs 2
   c) Wie deuten Sie die Chiffren vom „Sternkind" und „Kind am Abend" im Hinblick auf den gesamten Roman?
3. Aufgabe und Textstelle wie Grundkurs 3
   c) Welche Parallelen sehen Sie zwischen dem hier zitierten Gedicht von B. Brecht, *Erinnerung an die Marie A.*, und der Beziehung Kostjas zu Christa? (Gedichttext muß zur Verfügung gestellt werden.)

Anhang

Anmerkungen

[1] Vgl. Eifler, Margret: Dialektische Dynamik. Kulturpolitik und Ästhetik im Gegenwartsroman der DDR. Bonn: Bouvier 1976, 7

[2] Pracht, Erwin u. Neubert, Werner (Hrsg.): Sozialistischer Realismus. Positionen, Probleme, Perspektiven. Eine Einführung. Berlin: Dietz 1970. Auch in: Pracht, Erwin (Hrsg.): Einführung in den sozialistischen Realismus. Berlin: Dietz 1975

[3] Vgl. Neubert, Werner: Realer Sozialismus – Sozialistischer Realismus. In: Ansichten. Aufsätze zur Literatur der DDR. Hrsg. v. Klaus Walther. Halle: Mitteldeutscher Verlag 1976, 7–54

[4] Vgl. Gerlach, Ingeborg: Bitterfeld. Arbeiterliteratur und Literatur der Arbeitswelt in der DDR. In: Sprache. Didaktik 2. Kronberg: Scriptor 1974

[5] Die erste Bitterfelder Konferenz fand 1959 (die zweite 1964) auf Einladung des Mitteldeutschen Verlages statt.

[6] Vgl. Ulbricht, Walter: Fragen zur Entwicklung der sozialistischen Literatur und Kultur. In: Zur sozialistischen Kulturrevolution II. Berlin 1960

[7] Strittmatter, Erwin: Ole Bienkopp. Berlin: Aufbau 1964

[8] Reso, Martin (Hrsg.): ‚Der geteilte Himmel' und seine Kritiker. Dokumentation. Halle: Mitteldeutscher Verlag 1965

[9] Wolf, Christa: Lesen und Schreiben. In: Aufsätze und Prosastücke. Darmstadt: Luchterhand 1972, 203

[10] Wolf, Christa: Kindheitsmuster. Berlin: Aufbau 1976

[11] Wolf, Christa: Über Sinn und Unsinn von Naivität. In: Materialienbuch. Hrsg. v. Klaus Sauer. Darmstadt: Luchterhand 1979, 24-33

[12] Wolf, Christa: Dienstag, der 27. September 1960. In: Tage für Jahre. Hrsg. v. Elli Schmidt. Rostock: Hirnstorff 1974, 97

[13] Ebd., 97

[14] „Heute schreckt sie nicht mehr davor zurück, sich einzugestehen, daß es kein Zufall war, wenn sie endlich zusammenbrach und wo" (179)

[15] Wir benutzen diesen Begriff hier genetisch und sprechen, im Gegensatz zu *Nachdenken über Christa T.*, nicht von einer Erzählerin, eben weil die Gestalt unprofiliert gehalten ist.

[16] Vgl. Wolfgang Iser, der zwischen Textstruktur und Aktstruktur unterscheidet. In: Der Akt des Lesens. Theorie ästhetischer Wirkung. München: Fink 1976, 79

[17] Schlenstedt, Dieter: Motive und Symbole in Christa Wolfs Erzählung ‚Der geteilte Himmel'. In: Weimarer Beiträge 1 (1964), 79

[18] Stephan, Alexander: Christa Wolf. In: Autorenbücher 4. München: Beck 1976, 37

[19] Promies, Wolfgang: „‚Daß wir aus dem Vollen leben...' Versuch über Christa Wolf". In: Positionen im deutschen Roman der sechziger Jahre. Hrsg. v. Heinz L. Arnold und Theo Buck. München: Boorberg 1974, 124. Einige Ausdrücke der Arbeiterwelt sind dem Leser in der Bundesrepublik nicht geläufig, denn sie spiegeln die sozialistischen Produktionsverhältnisse der DDR wider. Die Bedeutung dieses Vokabulars ist jedoch leicht aus dem Kontext zu ersehen und stellt keine echte Behinderung beim Verständnis des Romans dar. Untersuchungen zum Sprachge-

brauch in der DDR sind in Texten von Manfred W. Hellmann, Hans H. Reich und Michael Kinne (siehe Literaturverzeichnis) zu finden.

[20] Kloehn, Ekkehard: Christa Wolf: ‚Der geteilte Himmel'. Roman zwischen sozialistischem Realismus und kritischem Realismus. In: DU 1 (1968), 53

[21] Schlenstedt, D.: a.a.O., 79

[22] Ebd., 77

[23] Vgl. Kloehn, E.: a.a.O., 55

[24] Der Kern dieser Doktrin war, daß die Bundesrepublik jedem Staat, der diplomatische Beziehungen mit der DDR aufnähme, mit Abbruch diplomatischer Beziehungen drohte.

[25] Walter Ulbricht. Schlußwort zur 1. Bitterfelder Konferenz. In: Kritik der Zeit. Der Sozialismus – seine Literatur – ihre Entwicklung. Hrsg. v. Klaus Jarmatz. Halle: Mitteldeutscher Verlag 1969

[26] Schlenstedt, D.: a.a.O., 87

[27] Stefan Heym benutzte diesen Terminus während eines Vortrages in englischer Sprache („administrators of literature") an der Vanderbilt University in Nashville, Tennessee/USA, im Herbst 1978.

[28] Die Frage Alexander Stephans an die Autorin, woher der Chemiker Manfred auf einmal die Kenntnisse eines Ingenieurs bekommt, um eine solche Maschine zu bauen, scheint durchaus berechtigt; eine gewisse Unlogik läßt sich nicht leugnen, denn die Erklärung ist unzureichend: „Er sah sich selbst gezwungen, sich mit der praktischen Arbeit der Spinn-Jenny zu beschäftigen ..." (91) Vgl. Stephan, A.: a.a.O., 47

[29] Ebd., 44

[30] „Brigadier" ist einer von jenen DDR-Begriffen, die für die Leser im Westen nicht geläufig sind, deren Bedeutung aber leicht aus dem Kontext ersichtlich ist.

[31] Schlenstedt, D.: a.a.O., 93

[32] Ebd., 89. Schlenstedt interpretiert Manfred als den Schwimmer, der den rettenden Hafen nicht erreicht, während Rita das Geschick der Hero und des Königskindes teilt: „Sie stürzt sich vom Turm, sie stürzt in die Flut ihres Selbstmordversuchs."

[33] Wolf, Christa: Gespräch mit Carl Corino. In: Hessischer Rundfunk, in der Reihe ‚Transit. Kultur in der DDR'. 27. November 1974

[34] Vgl. Iser, Wolfgang: Die Appellstruktur der Texte. In: Rezeptionsästhetik. Theorie und Praxis. Hrsg. v. Rainer Warning. München: Fink 1975, 249

[35] Kloehn, E.: a.a.O., 51

[36] Dahlke, Günter: „Nicht Glück oder Unglück, sondern Unglück und Glück ist hier die Frage. Eine Polemik für Christa Wolfs ‚Geteilten Himmel'". In: Kritik der Zeit. Der Sozialismus – seine Literatur – ihre Entwicklung. Hrsg. v. Klaus Jarmatz. Halle: Mitteldeutscher Verlag 1969, 660

[37] Cosentino, Christine: Eine Untersuchung des sozialistischen Realismus im Werke Christa Wolfs. In: German Quarterly 2 (1974), March, 251

[38] Reso, M.: a.a.O.

[39] Ebd., 8

[40] Allert, Dietrich u. Wetzel, Hubert: In: Freiheit. Halle, 31. August 1963. Auch in: Reso, M.: a.a.O.

[41] Reso, M.: a.a.O., 85

[42] In: Neues Deutschland, 17. Dez. 1963. Auch in: Reso, M.: a.a.O., 162

[43] Ebd., 163
[44] Ebd.
[45] Dahlke, Günter: ‚Geteilter Himmel' und geteilte Kritik. Über die Dialektik von Glück und Unglück und einige andere Fragen. In: Sinn und Form 2 (1964), 307-317
[46] Dahlke, G., 1969: a.a.O., 652-671
[47] Ebd., 660
[48] Kurella, Alfred: Begründung zur Zuteilung des Heinrich-Mann-Preises für 1963 an Frau Christa Wolf. In: Reso, M.: a.a.O., 29
[49] Ebd.
[50] Osten, Walter: In: Stuttgarter Zeitung v. 7. Nov. 1963
[51] Werth, Wolfgang: Die neue Stimme von drüben. Bemerkungen zu Christa Wolfs Erzählung ‚Der geteilte Himmel'. In: Deutsche Zeitung und Wirtschaftszeitung v. 5./6. Okt. 1963
[52] Reso, M.: a.a.O., 30
[53] Vgl. Kaufmann, Hans: Gespräch mit Christa Wolf. In: Weimarer Beiträge 6 (1974), 91
[54] Mohr, Heinrich: Produktive Sehnsucht. Struktur, Thematik und politische Relevanz von Christa Wolfs ‚Nachdenken über Christa T.'. In: Basis 2 (1971), 217. Mohr glaubt zu wissen, daß die erste Ausgabe des Luchterhand Verlages den Vermerk enthält: „Herstellung im Karl-Marx-Werk Pößneck (DDR)". Die genauen Umstände über Größe und Auslieferung des Werkes sind weiterhin umstritten. Hans Mayer schließt sich der niedrigen Einschätzung einer kleinen Auflage von 500 Exemplaren an (Rezensionen in Neue Rundschau [1970], 180). Fritz J. Raddatz („Mein Name sei Tonio K." In: Spiegel 23 [1969], 153) und Heinrich Mohr (Produktive Sehnsucht, 217) sprechen von 800 ausgelieferten Exemplaren. Alexander Stephan schließt sich dagegen Thomas Beckermann an, der von 15 000 schnell vergriffenen Erstausgabe-Exemplaren in der DDR spricht.
[55] Schulz, Max Walter: Das Neue und das Bleibende in unserer Literatur. In: Neue Deutsche Literatur 9 (1969), 47. Auch in: Behn, Manfred (Hrsg.): Wirkungsgeschichte von Christa Wolfs ‚Nachdenken über Christa T.'. Königstein: Athenäum 1978, 71
[56] Kaufmann, H.: a.a.O., 91
[57] Ebd., 94
[58] Vgl. Gerlach, I.: a.a.O.
[59] Wolf, Christa: Lesen und Schreiben. In: Aufsätze und Prosastücke. Darmstadt: Luchterhand 1972, 208
[60] Wolf, Christa: Selbstinterview. In: Lesen und Schreiben. a.a.O., 79
[61] Vgl. Rezeption
[62] Mayer, Hans: Christa Wolf: ‚Nachdenken über Christa T.'. In: Neue Rundschau 1 (1970), 184
[63] Wolf, Christa: Selbstinterview. a.a.O., 76
[64] Thomassen, Christa: Der lange Weg zu uns selbst. Christa Wolfs Roman ‚Nachdenken über Christa T.' als Erfahrungs- und Handlungsmuster. Kronberg: Scriptor 1977, 32
[65] Vgl. Uwe Johnson in einem Interview mit Horst Bieneck. In: Werkstatt-Gespräche mit Schriftstellern. Hrsg. v. H. Bieneck. München 1969, 2. Auflage d. TB-Ausg., 114

[66] Vgl. Wolf, Christa: Selbstinterview. a.a.O., 77
[67] Ebd., 76.
[68] Thomassen, C.: a.a.O., 32
[69] Wolf, Christa: a.a.O., 77
[70] Thomassen, C.: a.a.O., 51
[71] Wolf, Christa: Lesen und Schreiben. a.a.O., 207
[72] Kaufmann, H.: a.a.O., 91
[73] Wolf, Christa: Lesen und Schreiben. a.a.O., 201
[74] Reich-Ranicki, Marcel: Eine unruhige Elegie. In: Zur Literatur der DDR. München: Piper 1974, 114
[75] Wolf, Christa: Lesen und Schreiben. a.a.O., 206
[76] Vgl. Thomassen, C.: a.a.O., 72
[77] Ebd., 74. Christa Thomassen hat hier über zwanzig derartige Formulierungen aufgeführt.
[78] Ebd., 73. Die Seitenzahl im Text der Christa Thomassen beziehen sich nicht auf die Taschenbuchausgabe, sondern die 1970er Ausgabe des Luchterhand Verlages.
[79] Vgl. Wolf, Christa: Unruhe und Betroffenheit. Interview mit Joachim Walther, in: Fortgesetzter Versuch. Aufsätze, Gespräche, Essays. Leipzig: Reclam 1979, 73
[80] Vgl. auch Jäger, Manfred: Die Grenzen des Sagbaren. Sprachzweifel im Werk von Christa Wolf. In: Christa Wolf: Materialienbuch. Darmstadt: Luchterhand 1979, 133
[81] Wolf, Christa: Gespräch mit Joachim Walther. In: Meinetwegen Schmetterlinge. Gespräche mit Schriftstellern. Hrsg. v. Joachim Walther. Berlin: Buchverlag Der Morgen 1973, 131
[82] Iser, W.: Die Appellstruktur der Texte. a.a.O., 248
[83] Ebd.
[84] Wolf, Christa: Gespräch mit Joachim Walther. a.a.O., 132
[85] Vgl. Iser, Wolfgang: Der Lesevorgang. In: Rezeptionsästhetik. Hrsg. v. Rainer Warning. München: Fink 1975, 275
[86] Vgl. Wolf, Christa: Lesen und Schreiben. a.a.O., 207
[87] Iser, W.: Der Akt des Lesens. a.a.O., 60-67
[88] Ebd., 63
[89] Wolf, Christa: Lesen und Schreiben. a.a.O., 204
[90] Iser, W.: Der Akt des Lesens. a.a.O., 64
[91] Vgl. Wolf, Christa: Gespräch mit Joachim Walther. a.a.O., 133
[92] Vgl. Wolf, Christa: Lesen und Schreiben. a.a.O., 204
[93] Vgl. ebd., 219
[94] Haase, Horst: Nachdenken über ein Buch. In: Neue Deutsche Literatur 4 (1969), 185
[95] Thomassen, C.: a.a.O., 86
[96] Durzak, Manfred: Selbstverwirklichung und Selbsterkundung: ‚Nachdenken über Christa T.'. In: Der deutsche Roman der Gegenwart. Stuttgart: Kohlhammer 1971, 270
[97] Wolf, Christa: Selbstinterview. a.a.O., 77
[98] Wolf, Christa: Lesen und Schreiben. a.a.O., 216
[99] Wolf, Christa: Selbstinterview. a.a.O., 78
[100] Ebd., 77
[101] Ebd., 78

[102] Ebd., 79
[103] Kaufmann, H.: a.a.O., 92
[104] Vgl. Seiler, Bernd W.: Nachdenken über Theodor S. ‚Innerlichkeit' bei Storm und Christa Wolf. In: Schriften der Theodor-Storm-Gesellschaft 27 (1978), 10
[105] Das Motiv des zerschmetterten Katers hat eine Parallele in Storms *Schimmelreiter*, wo Hauke einen Kater erwürgt. Ähnlich ist auch die Idee vom ‚weißen Alp' in Storms *Draußen im Heidedorf*, der nachts den Menschen die Seele aussaugt, zu Christa T.s „Alptraum": „Nachts aber hockt der Kater einem auf der Brust..." (24)
[106] In der DDR hat man von offizieller Seite jegliche Verantwortung für das, was im Dritten Reich geschehen ist, abgelehnt. Christa Wolf weist hier daraufhin, daß man die Geschehnisse und den Impakt auf den Menschen so nicht bewältigen kann. Ihr Roman *Kindheitsmuster* muß als ihr umfassendster Versuch der Vergangenheitsbewältigung angesehen werden.
[107] Vgl. Wolf, Christa: Über Sinn und Unsinn von Naivität. a.a.O., 172
[108] Vgl. ebd.
[109] Hier klingt Nietzsches Konzept der „Herdenmoral" an.
[110] Auch hier spielt Christa Wolf bewußt mit Assoziationen, wie z. B. mit Zarastros berühmtem Gesang in Mozarts *Zauberflöte*.
[111] Christa Wolf betont in *Selbstinterview*, daß die Darstellung von Menschen, denen diese Unruhe abgeht, „unergiebig" sei; vgl. 78.
[112] Christa Wolf spricht in ihrem Vorwort zu Maxi Wanders *Guten Tag, du Schöne* (Darmstadt: Luchterhand, 1978) von der männlichen „Unfähigkeit zu lieben" und von „Gefühlsverkümmerung, an der viele Männer durch generationslangen Anpassungszwang an zweckmäßige Verhaltensweisen leiden". Zit. n. Lesen und Schreiben. Neue Sammlung, 217
[113] Ploetz, Dagmar: Vom Vorteil, eine Frau zu sein. Frauenbild und Menschentum in Christa Wolfs Prosa. In: Christa Wolf: Materialienbuch. Hrsg. v. Klaus Sauer. Darmstadt: Luchterhand 1979, 102
[114] Vgl. Kaufmann, H.: a.a.O., 108 „Ist es denn das Ziel der Emanzipation, kann es überhaupt erstrebenswert sein, daß die Frauen ‚werden wie die Männer' ... wo doch die Männer es so sehr nötig hätten, selbst emanzipiert zu werden;"
[115] Vgl.: „Christa T. hat auch, wenn auch sie lässig schien, anstrengend gelebt, das soll bezeugt sein" (59).
[116] *Die Geschichte des Fräulein von Sternheim* (1771) ist von Goethe sehr gelobt worden und soll dessen *Die Leiden des jungen Werther* mit beeinflußt haben.
[117] In Novalis' Roman *Heinrich von Ofterdingen* wird Heinrich durch den Dichter Klingsohr in das Wesen des ‚romantischen Morgenlandes', der Poesie, eingeweiht, deren wichtigste Provinz die ‚Liebe' ist.
[118] Vgl.: „Mach ich mir auch nichts vor? Wie lange kann man noch warten? Hab ich wirklich noch Zeit? Und wer gehört mir genaugenommen?" (116)
[119] Dieser merkwürdige Begriff des ‚Ausgrabens' spielt auch bei Ernst Bloch eine Rolle, den Christa Wolf als Studentin in Leipzig gehört hatte. Dieser wirkte dort von 1949-1957 als Ordinarius für Philosophie. In seinem Hauptwerk, *Das Prinzip Hoffnung*, heißt es „Das Schwierige aufzuheben, dazu ist nicht nur Erkenntnis nötig im Sinne einer Ausgrabung dessen, was war, sondern Erkenntnis nötig im Sinne einer Planbestimmung dessen, was wird." Zit. n. Huyssen, Andreas: Auf den Spuren Ernst Blochs. Nachdenken über Christa Wolf. In: Basis 5. Hrsg. v. Reinhold Grimm. Frankfurt: Suhrkamp 1975, 107

[120] Wolf, Christa: Gespräch mit Joachim Walther. a.a.O., 129
[121] Wolf, Christa: Lesen und Schreiben. a.a.O., 189
[122] Ebd., 191
[123] Ebd., 207
[124] König von Babylonien (1728-1686 v.Chr.); er organisierte einen vorbildlich verwalteten Beamtenstaat und gab ein Gesetzbuch heraus.
[125] Wolf, Christa: Lesen und Schreiben. a.a.O., 206
[126] Wolf, Christa: Gespräch mit Joachim Walther. a.a.O., 121
[127] Kaufmann, H.: a.a.O., 92
[128] Vgl. Naumann, Manfred, u.a.: Gesellschaft – Literatur – Lesen. Literaturrezeption in theoretischer Sicht. Berlin: Aufbau 1973, 35ff. In diesem Buch sind die Grundzüge der DDR-Rezeptionstheorien dargelegt. Das Konzept der „Rezeptionsvorgabe“ ist im Vergleich zum westlichen Konzept des ‚impliziten Lesers‘ weniger dynamisch, da es sich auf die ausmachbare Textstruktur konzentriert und die Aktstruktur kaum berücksichtigt.
[129] Christa Wolf spricht in *Lesen und Schreiben* von der „auffällig verzögerte(n) Reife“ ihrer Generation, 192
[130] Wolf, Christa: Lesen und Schreiben. a.a.O., 205
[131] Ebd.
[132] Ebd., 204
[133] Ebd., 219
[134] Ebd., 216
[135] Ebd., 215
[136] Ebd., 219
[137] Ebd., 218
[138] Ebd., 215
[139] Ebd., 218
[140] Ebd., 204
[141] Stephan, Alexander: Christa Wolf: Forschungsberichte zur DDR-Literatur 1. Hrsg. v. Gerd Labroisse. Amsterdam: Radophi 1980, 38
[142] Haase, Horst: Nachdenken über ein Buch. In: Neue deutsche Literatur 4 (1969), 174-185
[143] Kähler, Hermann: Christa Wolfs Elegie. In: Sinn und Form 1 (1969), 261
[144] Stephan, A.: a.a.O., 42
[145] Haase, Horst, u.a. (Hrsg.): Geschichte der Literatur der Deutschen Demokratischen Republik. Berlin: Volk und Wissen 1976, 543
[146] Behn, M.: a.a.O., 194
[147] Ebd., 20
[148] Stephan, A.: Christa Wolf: Forschungsberichte. a.a.O., 43
[149] Siehe Literaturverzeichnis
[150] Darmstadt: Luchterhand 1972
[151] Zuerst als *Lesen und Schreiben. Aufsätze und Betrachtungen.* Berlin: Aufbau 1971, 1973 zweite erweiterte Auflage
[152] Reclams Universalbibliothek, 773
[153] Siehe Literaturverzeichnis
[154] Vgl. Kähler, H.: Christa Wolfs Elegie. a.a.O., 259
[155] Auch im Roman *Nachdenken über Christa T.* ist die Rede von einem „sinnlosen Unglücksfall“ (vgl. 120).

[156] In der modernen Medizin hat man erkannt, daß psychische Belastungen als Ursache für Krebserkrankungen nicht ausgeschlossen werden können.
[157] Wolf, Christa: Selbstinterview, 78
[158] Thomassen, C.: a.a.O., 71
[159] Promies, W.: ‚Daß wir aus dem Vollen leben…' a.a.O., 124
[160] Wolf, Christa: Lesen und Schreiben. a.a.O., 216
[161] Vgl. Promies, W.: a.a.O., 124
[162] Vgl. Haase, H.: a.a.O., 183
[163] Huyssen, A.: Auf den Spuren Ernst Blochs. In: Materialienbuch, 82
[164] Wolf, Christa: Nachdenken über Christa T. (170)
[165] Wolf, Christa: Büchner-Preis-Rede. In: Sonderdruck für die Freunde des Luchterhand Verlages (1980), 12; als: Von Büchner sprechen. Darmstädter Rede. In: Die Dimension des Autors, Darmstadt: Luchterhand 1987, 622

Literaturverzeichnis

Primärliteratur

a) Werke von Christa Wolf:

Moskauer Novelle. Halle 1961
Der geteilte Himmel. Halle 1961; München 1973, dtv 915
Nachdenken über Christa T. Halle 1968; Darmstadt 1969; Darmstadt 1971
Lesen und Schreiben. Aufsätze und Betrachtungen. Berlin (DDR) 1971; Darmstadt 1972; Darmstadt 1980, Sammlung Luchterhand 295
Kindheitsmuster. Berlin (DDR) 1976; Darmstadt 1979 Sammlung Luchterhand 277.
Unter den Linden. Drei unwahrscheinliche Geschichten. Berlin (DDR) 1974; Darmstadt 1977, Sammlung Luchterhand 249
Kein Ort. Nirgends. Erzählung. Berlin (DDR) 1979; Darmstadt 1981, Sammlung Luchterhand, 325
Gesammelte Erzählungen. Darmstadt 1980, Sammlung Luchterhand 361; 1981; Berlin (DDR) 1985
Kassandra. Erzählung. Darmstadt 1983; Leipzig 1984
Voraussetzung einer Erzählung: Kassandra. In: Frankfurter Poetik-Vorlesungen. Darmstadt 1983, Sammlung Luchterhand 456
Kassandra. Vier Vorlesungen. Eine Erzählung. Berlin (DDR) 1983
Die Dimension des Autors. Essays und Aufsätze, Reden und Gespräche. 1959-85, 2 Bände. Berlin (DDR) 1986; Darmstadt (ein Band) 1987
Störfall. Nachrichten eines Tages. Darmstadt 1987

b) Zitierte Veröffentlichungen in Zeitschriften und Sammelbänden

Berührung (Vorwort zu Maxi Wander: „Guten Morgen, du Schöne"). In: *Lesen und Schreiben. Neue Sammlung.* Darmstadt: Luchterhand 1980
Büchner-Preis-Rede. In: Sonderdruck für die Freunde des Luchterhand Verlages. 1980
Dienstag, der 27. September 1960. In: *Tage für Jahre.* Hrsg. v. Elli Schmidt. Rostock: Hirnstorff 1974
Gespräch mit Carl Corino. In: Hessischer Rundfunk, in der Reihe „Transit. Kultur in der DDR". 27. November 1974
(Hans Kaufmann) Gespräch mit Christa Wolf. In: *Weimarer Beiträge 6* (1974)
Gespräch mit Joachim Walther. In: *Meinetwegen Schmetterlinge. Gespräche mit Schriftstellern.* Hrsg. v. Joachim Walther. Berlin: Buchverlag Der Morgen 1973
Lesen und Schreiben. In: *Aufsätze und Prosastücke.* Darmstadt: Luchterhand 1972
Selbstinterview. In: *Lesen und Schreiben.* Darmstadt: Luchterhand 1972
Über Sinn und Unsinn von Naivität. In: *Materialienbuch.* Hrsg. v. Klaus Sauer. Darmstadt: Luchterhand 1979
Unruhe und Betroffenheit. Interview mit Joachim Walther. In: *Fortgesetzter Versuch. Aufsätze, Gespräche, Essays.* Leipzig: Reclam 1979

Sekundärliteratur

a) Zitierte Spezialliteratur zu „Der geteilte Himmel" und „Nachdenken über Christa T.""

Beckermann, Thomas: Das Abenteuer einer menschenfreundlichen Prosa. Gedanken über den Tod in der sozialistischen Literatur. In: *Text und Kritik* 46 (1975)
Behn, Manfred (Hrsg.): *Wirkungsgeschichte von Christa Wolfs „Nachdenken über Christa T."*. Königstein: Athenäum TB 1978
Cosentino, Christine: Eine Untersuchung des sozialistischen Realismus im Werke Christa Wolfs. In: *German Quarterly* 2 (1974), March
Dahlke, Günther: „Geteilter Himmel" und geteilte Kritik. Über die Dialektik von Glück und Unglück und einige andere Fragen. In: *Sinn und Form* 2 (1964)
–: Nicht Glück oder Unglück, sondern Unglück und Glück ist hier die Frage. Eine Polemik für Christa Wolfs „Geteilten Himmel". In: *Kritik der Zeit.Der Sozialismus – seine Literatur – ihre Entwicklung.* Hrsg. v. Klaus Jarmatz. Halle: Mitteldeutscher Verlag 1969
Durzak, Manfred: Selbstverwirklichung und Selbsterkundung: „Nachdenken über Christa T.". In: *Der deutsche Roman der Gegenwart.* Stuttgart: Kohlhammer 1971
Gerlach, Ingeborg: Bitterfeld. Arbeiterliteratur und Literatur der Arbeitswelt in der DDR. In: *Sprache. Didaktik* 2. Kronberg: Scriptor 1974
Haase, Horst: Nachdenken über ein Buch. In: *Neue deutsche Literatur* 4 (1969)
Huyssen, Andreas: Auf den Spuren Ernst Blochs. Nachdenken über Christa Wolf. In: *Basis* 5. Hrsg. v. Reinhold Grimm. Frankfurt: Suhrkamp 1975
Jäger, Manfred: Die Grenzen des Sagbaren. Sprachzweifel im Werk von Christa Wolf. In: *Christa Wolf: Materialienbuch.* Darmstadt: Luchterhand 1979
Kähler, Hermann: Christa Wolfs Elegie. In: *Sinn und Form* 1 (1969)
Kloehn, Ekkehard: Christa Wolf: „Der geteilte Himmel". Roman zwischen sozialistischem Realismus und kritischem Realismus. In: *DU* (1968), 1
Kurella, Alfred: Begründung zur Zuteilung des Heinrich-Mann-Preises für 1963 an Frau Christa Wolf. In: *„Der geteilte Himmel" und seine Kritiker.*Hrsg. v. Martin Reso. Halle: Mitteldeutscher Verlag 1965
Labroisse, Gerd (Hrsg.): *Christa Wolf: Forschungsberichte zur DDR-Literatur* 1. Amsterdam: Radophi 1980
Mayer, Hans: Christa Wolf: „Nachdenken über Christa T.". In: *Neue Rundschau* (1970) 1
Mohr, Heinrich: Produktive Sehnsucht. Struktur, Thematik und politische Relevanz von Christa Wolfs „Nachdenken über Christa T.". In: *Basis* (1971), 2
Ploetz, Dagmar: Vom Vorteil, eine Frau zu sein. Frauenbild und Menschentum in Christa Wolfs Prosa. In: *Christa Wolf: Materialienbuch.* Hrsg. v. Klaus Sauer. Darmstadt: Luchterhand 1979
Promies, Wolfgang: „Daß wir aus dem Vollen leben..." Versuch über Christa Wolf. In: *Positionen im deutschen Roman der sechziger Jahre.* Hrsg. v. Heinz L. Arnold und Theo Buck. München: Boorberg 1974
Raddatz, Fritz J.: Mein Name sei Tonio K. In: *Spiegel* (1969), 23
Reich-Ranicki, Marcel: Eine unruhige Elegie. In: *Zur Literatur der DDR.* München: Piper 1974

Reso, Martin (Hrsg.): *„Der geteilte Himmel" und seine Kritiker. Dokumentation.* Halle: Mitteldeutscher Verlag 1965

Schlenstedt, Dieter: Motive und Symbole in Christa Wolfs Erzählung „Der geteilte Himmel". In: *Weimarer Beiträge* (1964), 1

Schulz, Max Walter: Das Neue und das Bleibende in unserer Literatur. In: *Neue Deutsche Literatur* (1969), 9. Auch in: *Wirkungsgeschichte von Christa Wolfs „Nachdenken über Christa T."* Hrsg. v. Manfred Behn. Königstein: Athenäum 1978, TB

Seiler, Bernd W.: Nachdenken über Theodor S. „Innerlichkeit" bei Storm und Christa Wolf. In: *Schriften der Theodor-Storm-Gesellschaft* (1978), 27

Stephan, Alexander: Christa Wolf. In: *Autorenbücher* 4. München: Beck 1976

Thomassen, Christa: *Der lange Weg zu uns selbst. Christa Wolfs Roman „Nachdenken über Christa T." als Erfahrungs- und Handlungsmuster.* Kronberg: Scriptor 1977

Werth, Wolfgang: Die neue Stimme von drüben. Bemerkungen zu Christa Wolfs Erzählung „Der geteilte Himmel". In: *Deutsche Zeitung und Wirtschaftszeitung* 5./6. Okt. 1963

Andere zitierte Literatur

Eifler, Margret: *Dialektische Dynamik. Kulturpolitik und Ästhetik im Gegenwartsroman der DDR.* Bonn: Bouvier 1976

Haase, Horst u.a. (Hrsg.): *Geschichte der Literatur der Deutschen Demokratischen Republik.* Berlin: Volk und Wissen 1976

Hellmann, Manfred W. (Hrsg.): Zum öffentlichen Sprachgebrauch in der Bundesrepublik Deutschland und in der DDR. Methoden und Probleme seiner Erforschung. In: *Sprache der Gegenwart. Schriften des Institus für deutsche Sprache* 18. Düsseldorf: Schwann 1973

Hermand, Jost: *Synthetisches Interpretieren. Zur Methodik der Literaturwissenschaft* Dialog 27. München: Nymphenburger Verlagsh. 1968

Iser, Wolfgang: *Der Akt des Lesens. Theorie ästhetischer Wirkung.* München: Fink 1976

–: Der Lesevorgang. In: *Rezeptionsästhetik.* Hrsg. v. Rainer Warning. München: Fink 1975

–: Die Appellstruktur der Texte. In: *Rezeptionsästhetik.* Hrsg. v. Rainer Warning. München: Fink 1975

Johnson, Uwe: Interview mit Horst Bienbeck. In: *Werkstatt-Gespräche mit Schriftstellern.* Hrsg. v. H. Bienbeck. München 1969, 2. Auflage d. TB-Ausg.

Kinne, Michael (Hrsg.): *Texte Ost – Texte West. Arbeitsmaterialien zur Sprache der Gegenwart in den beiden deutschen Staaten.* Frankfurt: Diesterweg 1977

Naumann, Manfred u.a.: *Gesellschaft – Literatur – Lesen. Literaturrezeption in theoretischer Sicht.* Berlin: Aufbau 1973

Neubert, Werner: Realer Sozialismus – Sozialistischer Realismus. In: *Ansichten. Aufsätze zur Literatur der DDR.* Hrsg. v. Klaus Walther. Halle: Mitteldeutscher Verlag 1976

Pracht, Erwin u. Neubert, Werner (Hrsg.): *Sozialistischer Realismus. Positionen, Probleme, Perspektiven. Eine Einführung.* Berlin: Dietz 1970

Reich, Hans H.: Sprache und Politik. Untersuchungen zu Wortschatz und Wortwahl des offiziellen Sprachgebrauchs in der DDR. In: *Münchner Germanistische Beiträge* 1. München: Hüber 1968
Ulbricht, Walter: Fragen zur Entwicklung der sozialistischen Literatur und Kultur. In: *Zur sozialistischen Kulturrevolution* II. Berlin 1960
–: Schlußwort zur 1. Bitterfelder Konferenz. In: *Kritik und Zeit. Der Sozialismus – seine Literatur – ihre Entwicklung.* Hrsg. v. Klaus Jarmatz. Halle: Mitteldeutscher Verlag 1969
Wander, Maxi: *Guten Morgen, du Schöne.* Darmstadt: Luchterhand 1978

Namenregister

Zeittafel zu Leben und Werk

Lebensdaten

1929	Geburt am 18. März in Landsberg/Warthe als Tochter des Kaufmanns Otto Ihlenfeld
1936	Besuch von Grundschule und Oberschule in Landsberg
1945	Umsiedlung nach Mecklenburg
1949	Abitur in Bad Frankenhausen (Kyffhäuser)
	Eintritt in die SED, Beginn des Studiums der Germanistik. Studienorte: Jena und Leipzig
1953	Wissenschaftliche Mitarbeiterin beim Deutschen Schriftstellerverband, Lektorin und Redakteurin
seit 1962	freie Schriftstellerin
1955-1977	Mitglied im Vorstand des Schriftstellerverbandes der DDR
	Mitglied des PEN-Zentrums der DDR und der Akademie der Künste der DDR

Werke

1961	*Moskauer Novelle*
1963	*Der geteilte Himmel.* Roman
1968	*Nachdenken über Christa T.* Roman
1971	*Lesen und Schreiben.* Aufsätze und Betrachtungen
1974	*Unter den Linden. Drei unwahrscheinliche Geschichten*
1976	*Kindheitsmuster*
1979	*Kein Ort. Nirgends.* Erzählung
1983	*Kassandra.* Erzählung
	Voraussetzungen einer Erzählung: Kassandra. Frankfurter Poetik-Vorlesungen
1986	*Die Dimension des Autors.* Essays und Aufsätze, Reden und Gespräche 1959-1985
1987	*Störfall. Nachrichten eines Tages.* Erzählung